KB169777

에리히 프롬

**고독을 두려워하지 않고
자유롭게 사는 법**

오늘을 비추는 사색

Erich

에리히 프롬

기시미 이치로 | 노경아 옮김

까치

고독을

두려워하지 않고
자유롭게   사는 법

Fromm

IMA WO IKIRU SHISO : ERICH FROMM KODOKU
WO OSOREZU JIYU NI IKIRU 今を生きる思想 エーリッ
ヒ・フロム 孤独を恐れず自由に生きる

by Kishimi Ichiro 岸見一郎

옮긴이 노경아(盧鏡娥)

한국외대 일본어과를 졸업하고 10년 가까이 회사원으로 살다가 뒤늦
게 번역가의 꿈을 이루었다. 현재 번역 에이전시 엔터스코리아의 전문
번역가로 활동하고 있다. 주요 역서로는 『샤덴 프로이데』, 『이나모리 가
즈오의 인생을 바라보는 안목』, 『마르쿠스 가브리엘 VS』 등이 있다.

편집, 교정_ 권은희(權恩喜), 김미현(金美炫)

에리히 프롬 : 고독을 두려워하지 않고 자유롭게 사는 법
저자/기시미 이치로
역자/노경아
발행처/까치글방
발행인/박후영
주소/서울시 용산구 서빙고로 67, 파크타워 103동 1003호
전화/02·735·8998, 736·7768
팩시밀리/02·723·4591
홈페이지/www.kachibooks.co.kr
전자우편/kachibooks@gmail.com
등록번호/1-528
등록일/1977. 8. 5
초판 1쇄 발행일/2024. 9. 5

값/뒤표지에 쓰여 있음
ISBN 978-89-7291-849-3 04160, 978-89-7291-847-9 (세트)

차례

들어가는 글
프롬의 저작에 대하여

에리히 프롬은 대언자이다. 나는 그렇게 말하고 싶다.

프롬은 제2차 세계대전 이전부터 유명했던 『자유로부터의 도피_Escape From Freedom_』 등을 통해서 현대 자본주의 사회의 본질을 일찍이 꿰뚫었으며, 인간을 소외시키고 불행하게 만드는 사회의 병리를 강력하게 경고했다. 그 예리한 분석과 핵심을 찌르는 비판은 지금도 여전히 빛을 발한다.

그러나 현대 세계는 프롬이 예언하고 경고한 모습 그대로이다.

인간은 자본주의 속에서 "소비자", "조직인組織人"으

로 전락한 나머지 눈에 보이든 보이지 않든 상관없이 온갖 권위에 복종하게 되었고, 심지어 자신이 그러고 있다는 사실조차 자각하지 못하는 지경에 이르렀다. 진짜 "자신"을 제쳐두고 "사람들"의 안색을 살피고 "사람들"의 의견을 따르다 보니 "자신"의 인생을 살지 못하게 된 것이다. 심지어 인류를 멸망시킬 전쟁의 위협도 점점 더 커지고 있다.

그런 의미에서, 프롬은 단순히 미래를 예언하는 "예언자"가 아니라 "대언자"라고 할 수 있다.

프롬은 대대로 랍비(유대교의 성직자)를 배출한 집안 출신이며, 대언자란 유대교 전통에 따라서 신의 가르침을 도맡아 전하는 사람을 말한다. 그리고 그 가르침에는 동시대인의 정신적 타락에 대한 지적과 경고가 주로 담겨 있다.

그러나 신이 가르침을 직접 전달하지 않고 대언자를 통해서 전하다 보니, 대중은 그 가르침에 귀를 기울이지 않아 파국으로 치닫기 쉬웠다. 유대 백성이 대언자 예레미야의 경고를 무시한 후에 강대한 바빌로니아 왕

국의 왕 네부카드네자르에게 수난을 당한 것처럼 말이다. 유대 백성은 이때 민족 전체가 유대 땅에서 쫓겨나 바빌로니아로 강제로 이주당하는 "바빌론 유수"를 겪어야 했다.

"사람들"은 이처럼 대언자의 경고에 귀를 기울이지 않다가 파국을 겪고 나서야 후회한다.

프롬의 저서를 읽는 사람도 똑같은 경고를 듣게 될 것이다.

프롬은 『자기를 위한 인간_Man for Himself_』의 서문에서 이렇게 말했다.

오늘날 많은 사람이 심리학 서적에서 "행복"이나 "마음의 평온"을 가져다줄 처방전을 찾으려고 하지만, 이 책에는 그런 조언이 없다. 이 책의 목적은 독자에게 평온을 주기보다 오히려 질문을 던지는 데 있다.

이것은 프롬의 저서가 아닌 다른 심리학 서적에도 해당하는 말이다.

그러나 프롬은 입으로는 처방전이 없다고 말하면서도 답을 내놓고 근본적인 해결책까지 제시한다. 문제는 현대인이 "용기"를 내서 그 제안을 받아들일 수 있느냐 하는 것이다.

사실 프롬의 주장은 단순하다. 그러나 단순하다는 말은 본질적, 근본적이라는 말도 된다. 프롬의 말은 삶의 근본 방식을 고치라고 현대인에게 촉구하는 "대언자"의 말이다. 이처럼 본질을 꿰뚫는 말은 받아들이기가 어렵다.

프롬은 무엇보다 먼저, 인간이 본래 갖춘 "휴머니즘"을 믿으라고 말한다. 이 말에 아마 현대인 대부분이 "순진한 주장"이라며 실소를 터뜨릴 것이다. "리얼리스트"를 자처하는 현대인들에게 이 주장은 그저 몽상가의 뜬구름 잡는 소리로 들리기 쉽다.

그러나 프롬은 이런 "리얼리즘"도 자신의 "나약함"을 가리는 수단이자 "현실 도피의 수단"에 불과하다고 말한다. 여기서 현실을 외면하는 것은 프롬이 아니라 "사람들"이다.

프롬은 "인간은 어떻게 살아야 하는가"라는 질문에 우선 인간의 존재 안에 "이성"과 "사랑"을 발달시켜야 한다고 대답한다. 아직은 이 말이 어떤 의미인지 잘 이해되지 않을 것이다. 지금부터 함께 프롬의 사상을 읽으면서 천천히 생각해보자.

나는 지금으로부터 50년쯤 전인 고등학교 3학년 때 처음으로 에리히 프롬의 철학을 접했다. 도서실에서 『자유로부터의 도피』를 빌려 읽은 후 다른 저작들도 시나브로 읽기 시작한 것이다. 그때 동시대 사상가였던 프롬이 인류와 사회에 보냈던 경고가 그가 세상을 떠나고 40년이 지나 냉전과 핵전쟁이 인류를 전멸시킬까 우려되는 요즘에도 여전히 생생한 것이 정말 놀랍다. 더 먼 미래를 내다본 예언 중 일부가 이미 실현되었으므로 오히려 지금 그의 말이 더 현실감 있게 다가온다. 그런 의미에서 지금이야말로 프롬의 사상을 읽기에 가장 좋은 때일 것이다.

프롬의 저작에 관하여

프롬의 저작은 대부분 일본에서 출간되었다. 그중에서도 요즘 많이 읽히는 책은 자유의 무게를 견디지 못한 근대인이 무거운 권위에 자발적으로 복종하는 메커니즘을 다룬『자유로부터의 도피』, 사랑은 대상의 문제가 아니라 능력이며 요즘 통념과는 달리 사랑받는 것보다 사랑하는 능력이 중요하다고 말하는『사랑의 기술 *The Art of Loving*』, 인간의 성격에 깃든 파괴적인 성향을 논한『인간의 마음*The Heart of Man*』 등이다. 그러나 내가 프롬의 대표작으로 꼽고 싶은 책은 자기실현과 자기가능성 실현의 규범 및 가치를 논하며 모든 사상의 기준이 되는 휴머니즘적 윤리를 규명한『자기를 위한 인간』이다. 프롬이 이처럼 윤리 문제를 다룰 수 있었던 것은 그가 정신분석가이자 사회심리학자일 뿐만 아니라 철학자이기도 하기 때문이다. 이것이 사상가 프롬의 독특한 점이다.

나 역시 이 책에서『자기를 위한 인간』을 많이 인용했

지만, 기존 번역서의 문장이 오래되어 이해가 어려운 부분이 많았으므로 원서를 직접 번역하여 인용했다. 다른 책도 마찬가지로 원서를 번역하여 인용했다.

제1장

이방인으로 살다

제1장은 프롬의 인생을 다룬다. 특히 정통 유대인 집안에서 나고 자란 그가 소년기에 겪은 두 사건이 이후에 어떤 영향을 끼쳤는지 살피겠다. 프롬은 이때의 비합리적인 체험과 사회 현상을 사상가로서의 자서전 격인 『의혹과 행동*Beyond the Chains of Illusion*』에서 자세히 소개했다.

프롬의 생애

에리히 프롬은 1900년에 독일 프랑크푸르트 암마인에

서 아버지 나프탈리 프롬Naphtali Fromm과 어머니 로자 프롬Rosa Fromm(원래 성은 크라우제)의 외아들로 태어났다. 프롬 일가는 대대로 독실한 유대계 독일인 집안으로 선조 중에 랍비(유대교 성직자)가 아주 많았고, 그의 증조부와 조부도 랍비였다. 비록 스물여섯 살에 유대교를 떠났지만 프롬의 세계관 역시 정통파 유대교의 강한 영향을 받아 형성되었다.

프롬은 처음에 프랑크푸르트 대학교에서 법률을 공부했지만 1년도 되지 않아 하이델베르크 대학교로 옮겨 사회학을 배우기 시작했고, 대학을 졸업한 후에는 관심 분야를 다시 사회학에서 심리학으로 바꾸었다. 이후 그는 나중에 아내가 된 친구 프리다 라이히만Frieda Reichmann에게서 프로이트의 사상을 배우고 교육 분석 및 정신분석 훈련까지 받은 후에 환자들을 치료하기 시작했고, 1930년에 베를린에서 개업했다.

같은 해 그는 막스 호르크하이머Max Horkheimer가 이끄는 프랑크푸르트 대학교 사회연구소에 사회심리학 부문 책임자로 들어가 권위주의 및 독재주의에 관한 학제적 연구에 참여했다. 참고로 이 연구소에서 활약한 사상가들을 "프랑크푸르트 학파"라고 한다.

이후 나치가 정권을 잡자, 거의 모든 구성원이 유대인이었던 연구소는 독일 밖으로 거점을 옮기게 되었다. 프롬 역시 스위스로 갔다가 미국으로 망명했다. 이 무렵 여러 사정으로 연구소를 그만둔 프롬은 이후 마르크스주의와 프로이트 이론을 통합하고자 하는 신프로이트파 사회심리학자로 활동하면서 수많은 정신분석 및 사회심리학 연구소 설립에 관여했다.

그리고 1941년에 파시즘 연구의 고전으로 불리는『자유로부터의 도피』를 발간하여 일약 유명인이 되었다.

1950년에는 생활의 거점을 미국에서 멕시코로 옮겼다. 이곳에서도 많은 저작을 펴냈지만, 그중에서도『사랑의 기술』이 가장 널리 읽혔다.

1974년에는 멕시코에서 스위스로 이주했다. 그리고 1980년 3월 18일, 80세가 되기 5일 전에 심장발작으로 세상을 떠났다.

"이방인"으로 살다

프롬의 아버지인 나프탈리는 랍비가 되지 못한 채 과실주 상점을 운영했다. 성격은 강박적인 데다 걱정이 극도로 많아서 아들의 응석을 지나치게 받아주는 한편 감정 기복도 심했다. 『탈무드 *Talmud*』(유대교 경전)를 공부하여 탈무드 학자가 되고 싶어했던 프롬의 꿈을 꺾은 사람도 나프탈리였다.

어머니 로자 역시 우울하고 자기애가 강한 성격이어서 아들과의 관계가 원만하지 않았다. 프롬은 자기애적 동기로 자신을 계속 붙잡는 어머니에게서 쉽게 벗어날 수 없었고, 자주 우는 어머니를 아버지에게서 지켜야 한다고 생각했다.

이처럼 걱정 많은 부모는 어린 프롬의 성장에 그다지 좋은 영향을 주지 못했다. 그래서 프롬은 그 "피해"를 오랫동안 복구해야 했다.

프롬의 성장에 적극적으로 공헌한 것은 대대로 랍비였던 정통 유대인 집안의 엄격한 분위기였다. 프롬은 자신이 나고 자란 유대 사회의 분위기나 정신문화를 당시의 사회 풍조와 구분하여 "전시민사회적", "전자본주의적", "중세적"이라고 표현했는데, 실제로 이 오랜 전통을 자신이 생활하는 20세기의 세계보다 훨씬 현실적으로 느꼈던 듯하다.

그중에서도 유대 전통을 실천하며 프롬에게 강한 영향을 미친 사람이 증조부 젤리크만 베어 밤베르거 Seligman Baer Bamberger였다. 그는 유명 율법학자 겸 『탈무드』 연구가로, "뷔르츠부르크의 랍비"로 불렸다.

이 증조부에 관한 일화가 있다. 벌이가 얼마 되지 않는 상점을 운영하며 생계를 유지하던 그에게 어느 날 일자리 제안이 들어왔다. 한 달 중 3일만 나가면 추가 수입을 조금 벌 수 있는 자리여서 아내가 가보라고 권하자, 증조부는 이렇게 대답했다고 한다.

"그런 일로 한 달에 사흘이나 공부 시간을 뺏기라는 말이요?"

그뿐만이 아니다. 증조부는 가게 문을 열어놓고도 『탈무드』를 연구하는 데에 여념이 없었기 때문에, 가게를 찾아온 손님에게 "다른 가게는 없냐, 왜 하필 여기로 왔냐"고 화를 낸 적도 있다고 한다. 프롬은 이런 일화가 전승되는 세계를 오히려 **진짜** 현실로 느낀 것이다.

유대인 세계에서는 영혼 구제가 가장 중대한 과제로 여겨졌다. 이 세계가 프롬에게는 진정한 의미의 종교적 세계였다. 한편 근대 세계는 돈벌이를 추구하는 세계였고, 프롬은 어릴 때부터 그렇게 돈벌이를 좇다 보면 인생을 잃고 영혼의 구제를 포기하게 된다고 믿었다. 부친이 랍비의 길을 포기하고 장사로 가족을 부양하는 것도 "진짜 삶"을 회피한 결과로 보였을 것이다.

> 돈을 최대한 많이 버는 것이 모든 사람의 목표가 된 세상 속에서 나는 언제나 약간 이방인 같았다. 나의 절반은 고대 유대의 전통 속에, 절반은 근대 세계 속에 있었다. ("병든 사람들이 가장 건강하다", 위르겐 로데만, 미첼라 래믈레와의 인터뷰에서)

프롬이 근대 자본주의를 날카롭게 비판한 데에는 이

런 본질적 의미의 종교적 감정이 큰 영향을 미쳤을 것
이다.

어떻게 이런 일이
일어났을까

프롬은 자신이 신경증적 가정에서 자란 덕분에 인간 행
동의 비합리성을 의식하고 심리학 연구를 시작할 수 있
었다고 말한다. 그러나 그것이 다는 아니다. 부모가 자
식에게 큰 영향을 미치는 것은 사실이지만 걱정 많은
부모 슬하에서 자랐다고 해서 누구나 인간 행동의 비합
리성에 관심을 기울이는 것은 아니기 때문이다. 결정적
인 계기는 무엇이었을까? 프롬은 스스로 다음 두 사건
을 꼽는다.

　프롬이 열두 살쯤 되었을 무렵 가족들과 친했던 화가
가 있었다. 스물다섯 살가량의 아름답고 젊은 여성이었
는데, 약혼했다가 얼마 가지 못해 파혼한 뒤 아버지와

단둘이 살고 있었다(어머니는 오래 전에 세상을 떠났다). 프롬이 기억하기로 그 아버지는 연로하고 재미도 없으며 가난한 사람이었다. 단, 프롬은 질투 때문에 편견이 끼어 있었을지도 모른다고 덧붙였다. 당시 그 여성에게 강하게 끌렸기 때문이다.

어느 날, 충격적인 소식이 들렸다. 그 여성의 아버지가 딸과 함께 매장해달라는 유언을 남기고 죽었는데, 그녀가 그 말에 따라 곧바로 스스로 목숨을 끊은 것이다. 그때 프롬은 오이디푸스 콤플렉스도, 딸과 아버지의 근친상간적 고착도 알지 못했다. 주변에 자살한 사람도 없었다. 그래서 "어떻게 이런 일이 일어났을까?", "젊고 아름다운 여성이 어떻게 아버지를 이렇게까지 사랑할 수 있을까?", "어떻게 살아서 그림을 그리는 기쁨을 버리고 아버지 곁에 묻히기로 결심할 수 있었을까?"라는 생각이 머리를 떠나지 않았다. 프롬은 이때 그녀의 행동에 어떤 동기가 작용했는지 알아야겠다고 결심했다. 그리고 나중에 프로이트의 이론을 배우면서 그 답을 어렴풋이 알게 되었다.

프롬의 성장에 결정적인 영향을 미친 또 하나의 큰 사건은 그의 나이 열네 살이던 1914년에 발발한 제1차 세계대전이었다. 프롬은 특히 당시 학교 교사들을 보고 많은 것을 느꼈다.

그중 전쟁이 발발하기 전 2년 내내 "평화를 원한다면 전쟁에 대비해라"라는 격언을 입에 달고 다닌 라틴어 교사가 있었다. 그는 평화를 유지하고 전쟁을 일으키지 않기 위해서는 전쟁에 대비해야 한다고 주장하는 무장 평화론자였지만, 막상 전쟁이 발발하자 오히려 기뻐했다. 평화를 유지하기를 원했던 사람이 그렇게 호전적으로 변하는 것이 프롬의 눈에는 이상해 보였다. 이후 프롬은 아무리 선하고 정직한 사람이 주장한다고 해도 "군비가 평화를 유지한다"라는 말은 믿지 않게 되었다.

또 프롬은 당시 독일 전역에 영국인을 향한 신경증적 증오가 퍼져 있다는 데에도 충격을 받았다. 사람들이 갑자기 "영국인은 양심이 없는 악인이기 때문에, 순진하고 남을 잘 믿는 우리 독일 영웅들을 죽이려고 한다",

"영국군은 돈으로 고용된 저급한 군대이다"라고 손가락질을 하기 시작한 것이다.

이 전국적인 히스테리 속에서 발생했던 결정적인 사건이 기억에 선명하다. 여름방학이 시작되기 전 평화로운 시기에 영어 선생님이 영국 국가國歌를 암기하는 숙제를 냈는데, 개학 이후 분위기가 바뀌어 학생들이 선생님에게 반은 장난, 반은 영국을 정말 싫어하는 마음으로 "이제 영국은 최악의 적이 되었으니 영국 국가를 외우기 싫어요"라고 말한 것이다. 그때 학생들 앞에서 선생님이 냉소적인 표정을 짓던 모습이 지금도 기억난다. 선생님은 차분한 목소리로 말했다. "장난할 일이 아니야. 영국은 지금까지 한 번도 전쟁에서 진 적이 없어."

이것은 눈먼 증오의 한복판에 울려퍼진 이성과 리얼리즘의 목소리였다. 그 말뿐만 아니라 말을 전하는 차분하고 이성적인 태도까지 프롬의 정신을 일깨웠다.

그 순간 나는 전국 규모의 눈먼 증오와 자기 예찬에서 벗어나 "어떻게 이런 일이 일어났을까?"라고 생각하기 시작했다. (『의혹과 행동』)

친척들과 선배들이 전사했다. 군 당국의 승리 예측은 틀렸다는 사실이 밝혀졌다. 그런데도 독일 신문은 "독일의 번영을 시기한 이웃 제국이 전쟁을 일으켰다", "이 전쟁은 자유를 향한 싸움이다"라고 보도했다. 처음에는 모두 그렇게 믿었지만, 전황이 불리해지고 의심을 품는 사람이 많아지자 정부에 대한 신뢰가 흔들리기 시작했다. 정부 예산을 전쟁에 투입하는 데에 반대하는 의원들이 늘었고, "나는 탄핵한다"라는 제목의 유인물이 몰래 돌아다녔다. 이 유인물에는 "독일 정부는 외부의 공격을 받은 억울한 희생자가 아니라 오스트리아, 헝가리와 함께 전쟁을 일으킨 책임자이다"라고 쓰여 있었다.

그러나 전쟁은 계속되었다. "아무도 전쟁을 원하지 않았다는데 왜 전쟁이 일어났을까?", "양쪽 진영 모두

침략할 의도 없이 자국의 영토를 지킬 뿐이라고 말하는데 왜 전쟁이 끝나지 않을까?", "어째서 아주 작은 영토와 몇몇 지도자의 허영심 때문에 수백만 병사가 학살당해야 할까?", "전쟁은 무의미한 우발적 사건의 결과일까, 아니면 어떤 법칙에 따라 사회적, 정치적 발달 과정이 진행된 결과일까?" 전쟁에 대한 이런 의문이 점점 커져만 갔다.

1918년에 전쟁이 끝났을 때, 나는 왜 전쟁이 일어났는지 고민하고 인간의 집단 행동이 가진 비합리성을 이해하려고 애쓰면서 동시에 평화와 국제 이해를 열렬히 바라고 괴로워하는 젊은이였다. 이때 다양한 공식적 이데올로기와 선언을 깊이 의심하며 "모든 것을 의심해야 한다"라는 확신을 품게 되었다. (같은 책)

프롬은 불가해한 개인의 행동 및 전쟁이라는 사회 현상을 해명해야겠다는 생각으로 프로이트와 마르크스의 이론을 연구했다. 전자인 프로이트는 과거나 현재의 표면적 행동이 아니라 그 행동을 낳은 과거의 힘을 이해해야 한다고 주장했다. 이 힘은 우리가 의식하지 못하거나 의식적 사고와 모순되기도 하지만, 이것이 바뀌면 행동도 달라진다고 했다.

후자인 마르크스는, 전쟁은 누군가가 바라서 일어나는 것이 아니라 일정한 경제적, 사회적, 심리적 힘이 작용해서 발발한다고 주장했다. 이 힘이 과거에 전쟁을 일으켰고 나중에도 일으킬 것이므로, 이 힘을 분석해야만 과거를 이해하고 미래를 내다볼 수 있다는 것이다. 프롬도 마르크스처럼 "이 힘이 앞으로도 변함없다면 전쟁은 또 일어날 것이다"라고 말했다. 그러나 프롬이 이렇게 경고한 것은 그렇게 되기를 바랐기 때문이 아니다. 유대의 대언자와 마찬가지로, 그렇게 되지 않기를 바랐기 때문이다.

프롬은 프로이트와 마르크스에게서 강한 영향을 받았다. 두 사람이 없었다면 프롬의 사상도 없었을 것이다. 프롬은 프로이트에게서는 개인인 인간의 법칙을, 마르크스에게서는 사회적 존재인 인간의 법칙을 도출

했으나, 두 사람의 사상을 그대로 받아들이기보다 둘
을 통합하려고 노력했다. 뒤에서 프롬이 이 둘을 어떻
게 통합하고 결국 넘어섰는지를 자세히 설명하겠다.

제2장

휴머니즘적 윤리학

기본 개념인 "고독"

그렇다면 이번 장부터는 프롬의 사상을 구체적으로 살펴보자.

프롬은 현대인의 근본적인 병리가 "고독"에서 나온다고 생각했다.

근대 사회가 인간에게 준 최대의 혜택은 인간이 자유로워졌다는 것이다. 사농공상士農工商 등으로 신분이 고정되었던 전근대 사회에서 인간은 전혀 자유롭지 못했다. 그래서 부모 대에서부터 정해진 신분에 만족하면서,

즉 분수를 알고 살 것을 강요당했다. 그러나 근대에 이 신분의 사슬이 끊어진 후 모든 인간이 자유로워졌다.

경제적 측면에서 근대 사회에 자유를 가져다준 것은 자본주의 체제였다. 자본주의는 근대 사회의 근간이며, 근대와 자본주의는 마차의 양쪽 수레바퀴 같은 관계이자 표리일체表裏一體의 관계이다. 그러나 자본주의가 고도로 발전하면서 그 모순이 뚜렷이 드러났다.

앞에서 말했다시피 근대 자본주의 사회는 전근대적 신분 사회를 무너뜨리고 모든 인간을 자유롭게 했다. 그러나 이와 동시에 사람과 사람의 따뜻한 연계, 즉 유대도 끊어버렸다. 그래서 인간은 자유로워지는 동시에 세상과 홀로 대치해야 하는 고독한 존재가 되었다.

현대 사회에는 결속이 없다. 그러나 인간은 본질적으로 결속을 추구하는 존재이다. 결국 궁지에 몰리게 된 인간은 자신을 고독에서 구해주기만 한다면 무엇이든 가리지 않고 매달리게 되었다. 그것이 가짜임을 어렴풋이 눈치채도 달라질 것은 없었다. 유대인인 프롬이 고국에서 쫓겨난 것도, 독일 국민이 고독에서 벗어나기 위해서 독재자의 거짓말을 따랐기 때문이었다. 이처럼 현대 사회의 근본 구조에서 유래하는 "고독"이라는 병리가 현대 특유의 모든 문제를 일으킨다는 것이 프롬이 현대 사회에 내린 진단이었다.

이 고독을 뿌리부터 해소할 해결책, 다시 말해서 현대에 유대를 되살릴 첫 번째 해결책으로 프롬이 내세운 것이 "사랑"이다. 그리고 프롬에 따르면, 이 사랑이라는 관념은 "휴머니즘"의 가장 뛰어난 발현 형태이다.

이번 장에서는 우선 『자기를 위한 인간』 등의 기록을 살펴보면서 프롬이 말하는 휴머니즘이 과연 무엇인지 알아보자.

인간학으로서의
휴머니즘

휴머니즘이란 단순히 "인류애가 넘친다" 또는 "인간적이다"라고 말하고 싶을 때 쓰는 추상적인 말이 아니다.

이것은 15-16세기 피렌체를 시작으로 르네상스 시기의 이탈리아 전역에서 일어난 운동을 일컫는 말로, 그리스어, 히브리어, 라틴어로 된 고전적 교양 및 언어로 복귀하려는 움직임을 가리킨다. 다시 말해서 일정한 역사적 맥락에서 나온 학술 용어인 것이다. 프롬도 기본적으로는 이 의미에 기반하여 포괄적인 인간학이라는 의미로 "휴머니즘"이라는 말을 사용했다.

프롬이 논한 휴머니즘의 주요 원리는 다음과 같다.

① 인류는 하나라는 신념, 즉 "우리 각 사람에게 인간의 모든 특성이 갖춰져 있다"라는 신념, ② 인간 존엄의 강조, ③ 인간이 자신을 발전시키고 완성하는 능력의 강조, 나아가 이성, 객관성, 평화의 강조.

인류가 하나라는 말은 모든 사람이 동일한 인간성humanity을 갖추고 있으므로 한 인간이 전 인류humanity를 대표할 수 있다는 말이다. 그리고 이 말은 프롬도 인용했던 로마의 희극 작가 푸블리우스 테렌티우스Publius Terentius의 말 "나는 인간에 관한 것 중 나와 무관한 것은 전혀 없다고 생각한다"에 기반하고 있다.

프롬의 말에 따르면, "개개인이 인류 전체를 대표한다"라는 생각이 휴머니즘이다. 이것은 다시 말해 "개개인에게 인간의 모든 특성이 갖춰져 있다"(『의혹과 행동』)라는 생각이다.

『구약성서』에서도 "이웃(이방인)을 사랑하라"라는 말, 즉 혈연관계도 아니고 친하지도 않은 사람을 사랑하라는 말로 휴머니즘을 설명한다. 프롬 역시 "나그네를 자신과 같이 사랑하라"(『레위기』), 또 "나그네를 괴롭히지 말라. 너희는 나그네의 마음을 안다. 너희도 이집트에서 나그네였기 때문이다"(『출애굽기』)라는 『성서』의 구절을 자신의 책에 인용했다.

프롬은 이 "나그네"를 이방인Stranger, die Fremde으로 표현했다. 이방인의 삶을 직접적으로 얼마나 경험하느냐에 따라 이방인에 대한 이해도가 달라지겠지만, 프롬은 우리가 인간으로서의 기초적인 경험을 모두 공유하고 있다고 믿었다. 따라서 우리가 기본적으로 서로 이해할 수 있다고 말한 것이다.

프롬은 휴머니즘을 다음과 같이 명료하게 설명했다.

우리가 모두 하나인 것도 사실이지만 우리 각자는 독자적인 존재이며 그 자체가 하나의 우주이다.……한 사람의 생명을 구하는 자는 누구든지 전 세계를 구한 것과 같다.……한 사람의 생명을 끊는 자는 전 세계를 멸망시키는 것과 같다. (『사랑의 기술』)

프롬은 자신이 살던 시대에 점점 더 심각해져가던 인류에 대한 위협에 대항할 사상으로 휴머니즘을 제시했다. 핵전쟁과 원전 사고 등으로 인류의 존속이 한층 더 위태로워진 지금, "한 사람의 생명을 구하는 자는 누구든지 전 세계를 구한 것과 같다", "한 사람의 생명을 끊는 자는 전 세계를 멸망시키는 것과 같다"라는 휴머니즘 사상이 점점 더 중요해질 것이 분명하다.

삶의 기술

그러면 구체적으로 현실의 일상생활에서 프롬이 말하

는 "휴머니즘"을 어떻게 실천할 수 있는지 알아보자. 프롬에 따르면, 그 중요한 열쇠는 "기술"이다.

그러나 이 "기술"은 단순한 손재주 등 "테크닉"이 아니다. 프롬은 원래 "삶" 자체에 기술이 필요하다고 말한다.

예를 들면 프롬의 대표작인 『사랑의 기술』의 원제는 "The Art of Loving"인데, 이 Art도 예술이 아니라 기술이다. 사랑은 마음의 문제이므로 기술과는 전혀 관계가 없다고 생각할지도 모르겠다. 사랑에 기술이라는 말을 쓰는 것 자체에 혐오감을 느끼는 사람도 있을 것이다. 그런데도 프롬이 사랑을 다룬 책의 핵심 개념으로 기술을 내세운 것을 보면, 이 기술이 일반의 통념과는 약간 다른 개념임을 알 수 있다. 그리고 프롬이 자신의 사상 체계에서 이 기술이라는 개념을 얼마나 중시했는지도 짐작할 수 있다.

게다가 프롬은 이 "삶의 기술"이야말로 인간이 실천해야 할 가장 어렵고도 복잡한 기술이라고 말한다.

이 기술은 다른 무엇인가가 아닌 삶 자체를 이루는

기술이다. "삶의 기술"에서 인간은 기술자인 동시에 그 기술의 대상이기도 하다. 즉 "삶의 기술"의 대상은 자신의 인생이다. 인간은 이 기술로 자기 인생을 만들어나간다.

다른 기술, 예를 들면 읽기나 쓰기 같은 기술은 모두가 배우려 한다. 그러나 삶에는 기술이 필요 없다고 생각하기 쉽다. 누구나 어쨌든 살아 있기는 하니까 말이다. 그러나 행복하지 않은 사람, 삶의 기쁨을 느끼지 못하는 사람은 삶의 기술을 습득하지 못해서 불행한 것이다.

이 삶의 기술이라는 개념도 앞에서 언급한 휴머니즘에서 유래한다. 프롬의 말처럼, 선악을 결정하는 기준은 인간을 초월한 신 같은 존재가 아닌 인간 자신에게 있기 때문이다. 따라서 삶의 기술이란 이런 "휴머니즘적 인간학"에서 생겨난 일종의 응용과학이라고 할 수 있다.

순수과학의 반대 개념인 응용과학은 한마디로 실천적 이론을 가리킨다. 다시 말해 해야 할 일과 하지 말아야 할 일을 규정하는 이론이다. 그런데 이 "해야 한다"라는 판단 역시 과학적 지식에 근거하여 이루어진다. 프롬이 삶의 기술을 응용과학으로 부르는 것도 그 때문이다.

그러므로 좋은 인생을 이루려면 우선 인간학을 알아야 한다. 그러나 그것만으로는 부족하다. 이론을 뒷받침할 실천적인 규범도 있어야 한다. 그러려면 무엇이 좋은가 하는 객관적인 기준, 즉 공리公理가 내면에 정립되어 있어야 한다.

예를 들면 의학은 병을 치료하고 수명을 연장하는 것이 바람직하다는 전제하에 성립된 기술의 일종이다. 이 전제가 무너지면 의학의 모든 규칙이 무의미해진다. 이처럼 모든 응용과학은 "행위의 목적이 바람직하다"라는 공리 위에 성립한다.

이 "바람직함"이 프롬의 선good이다. 반대로, "바람직하지 않음"은 악bad이다. 즉 프롬은 "도움이 된다", "도움이 되지 않는다"라는 관념을 선악 관념의 기초로 삼았다.

선이 이런 개념인 이상, 사람은 결코 악을 선택하지 않는다. 자신에게 도움이 되지 않는 것, 바람직하지 않은 것을 고를 리가 없기 때문이다. 악인이 악을 선택하는 것 역시 그것이 도움이 된다고 믿어서이다. 즉 악인조차 알고 보면 선을 선택하는 것이다. 그러므로 악을 선택하는 것은 그저 선악 판단을 그르친 결과일 뿐이다. 자신에게 도움이 되지 않는 것을 선으로 착각하여 악을 선택한 것이다.

다만 프롬이 말하는 휴머니즘 윤리와 그 외의 다른 기술이 기반한 공리에는 근본적인 차이가 있다. 그림을 그리는 기술이나 시설을 짓는 일을 바람직하지 않게 여기는 문화는 상상할 수 있지만, 사람이 삶을 이어가는 것을 바람직하지 않게 여기는 문화는 상상할 수 없다. 그래서 휴머니즘적 윤리에서 공리는 삶 그 자체이다.

모든 유기체에는 삶의 욕동(사고와 감정을 유발하는 원동력/역주)이 내재해 있으므로 우리는 삶과 죽음 중 하나를 고를 수 없고, 실제로는 무조건 삶을 긍정할 수밖에 없다. 즉 우리는 사실 좋은 삶과 나쁜 삶 중 하나를 선택할 수 있을 뿐이다. 하지만 엄밀히 말해서 나쁜 삶을 고르는 사람은 존재하지 않는다. 아무도 불행한 인생을 바라지 않기 때문이다. 간혹 그래 보이는 사람이 있지만, 그들 역시 행복의 수단을 잘못 선택하거나 삶의 기술을 습득하지 못했을 뿐이다.

제3장

권위의 본질

"역사적 이분법"
———————

이번 장에서는 앞 장에서 소개한 "삶의 기술"이라는 개념을 프롬이 어떻게 이론화, 개념화했는지 알아볼 것이다. 이번에도 『자기를 위한 인간』을 참조했으며, 권위(특히 보이지 않는 익명의 권위)에 관해서는 『건전한 사회 *The Sane Society*』를 참조했다.

　아무리 유복한 환경에서 나고 자란 사람이라고 해도 인생에서는 고난을 겪을 수밖에 없다. 프롬은 이 피할 수 없는 고난을 "실존적 이분법"과 "역사적 이분법"으로 구분했다.

"실존적 이분법"이란, 인간으로 사는 한 반드시 직면하는 고난, 극단적으로 말하면 "인간은 반드시 죽는다"라는 사실을 전제로 한 개념이다. 이 유형의 이분법 dichotomy에는 인간이 삶과 죽음이라는 모순 속에 산다는 사실이 반영되어 있다. 이 고난은 인간의 존재 자체에서 유래하는 고난, 즉 인간의 노력으로 바꿀 수 없는 고난이라서 "실존적 이분법"으로 불린다.

한편, 개인의 생활이나 사회생활에서도 문제는 생긴다. 그러나 이것은 기본적으로 인간이 만들어내는 문제이므로 "실존적 이분법"과는 근본적으로 다르다.

예를 들면 과학기술의 발달로 이전까지 불치병이었던 질병의 치료가 가능해지는 등 불가능이 가능으로 바뀌어 인간의 생활상이 크게 달라질 때가 있다. 그러나 기술이 인류의 평화와 인간의 행복을 위해서만 쓰이는 것은 아니다. 인류를 한순간에 멸망시킬 핵무기 역시 과학기술의 산물이다. 현대인은 물질적 풍요를 실현하는 기술을 다양하게 보유했으면서도 그것을 평화와 행복만을 위해서 사용할 수 없다는 모순 속에서 살고 있다. 프롬은 이런 현대의 모순을 "실존적 이분법"에 대비하여 "역사적 이분법"으로 부른다.

"역사적 이분법"은 "실존적 이분법"과는 달리 시간을 들여 해결할 수 있는 문제이다. 나아가 이런 고난을 해결하려는 끊임없는 노력이야말로 인류를 진보하게 만드는 원동력이다. 그런데도 사람들이 고난을 방치하는 것은 용기와 지식이 결여된 탓이라고 프롬은 말한다.

그런가 하면 "실존적 이분법"과 "역사적 이분법"을 일부러 혼동하여, 해결할 수 있는 일을 해결할 수 없는 일로 둔갑시키려고 드는 사람도 있다. 그들은 아무리 부조리한 사건이 발생해도 "일어날 만한 일이어서 일어났다"라고 주장한다.

이미 일어난 모든 일을 이처럼 비극적인 운명으로 받아들이는 사람은 문제를 해결하려고 노력하지 않는다. 권위가 어떤 행위를 강제할 때 이 같은 인간의 측면이 더욱 단적으로 드러난다. 프롬은 수동적인 상태로 머무르지 않는 것이 인간 정신의 특성이지만, 강력한 권위가 강제한 사상을 이처럼 그대로 받아들이는 것 또한 인간 정신의 특성이라고 말한다.

지금부터는 인간의 "역사적 이분법" 문제를 고찰하려고 한다. 프롬은 권위 및 인간이 권위에 반응하는 패턴을 중심으로 "역사적 이분법"을 설명했다.

두 종류의 "권위"
| "합리적 권위"와 "비합리적 권위"

프롬이 말하는 권위는 일반적으로 생각하듯 단순히 독재적이고 비합리적인 힘이 아니다. 그리고 이 권위는 "합리적 권위"와 "비합리적 권위"로 구분된다.

"합리적 권위"란 객관적인 능력에서 나오는 권위이다. 예를 들어 전문 능력 등으로 모두에게 존경받는 사람은 합리적인 근거에 기반한 권위를 갖춘 덕분에 타인에게 동의와 칭찬을 강요할 필요가 없다. 학생에 대한 교사의 권위 역시 이성의 이름으로 행사된다면 합리적 권위이다. 이성은 보편적이므로, 합리적 권위에 따르는 일은 결코 복종이 아니다. 이런 합리적 권위를 갖춘 교사가 잘못을 지적하면 학생도 수긍할 것이다.

프롬은 합리적 권위를 갖춘 사람이 내린 판단을 자신의 이성을 거쳐 받아들이는 것을 "자율적 복종"으로, 스스로 판단하지 않고 남의 의지나 판단을 그대로 받아들이는 것을 "타율적 복종"으로 구별한다. 자율적 복종은 굴복과는 달리 이성을 활용하여 스스로 확인하고 판단하는 행위이다. 합리적 권위는 이 자율적 복종을 실현하기 위해서 자신에 대한 끊임없는 분석과 비판을 허용할 뿐만 아니라 오히려 요구하기까지 한다. 이와 달리 비판을 두려워하여 학생의 비판을 금지하는 교사의 권위는 진짜 권위, 즉 합리적 권위가 아니다.

한편 "비합리적 권위"는 "사람을 지배하는 힘"이다. 이 권위가 성립하려면 한편으로는 지배하는 인물의 힘이, 다른 한편으로는 그 권위를 따르는 사람의 불안이 필수적이다. 합리적인 권위와 달리 비합리적 권위는 비판을 허용하지 않는다.

가장 큰 문제는 사람들이 자신이 복종하고 있다는 사실조차 자각하지 못한다는 것이다. 그들은 자신이 합리적이고 실제적인 권위를 따르고 있을 뿐이라고 믿는다. 그 좋은 예가 나치의 유대인 대학살 책임자인 아돌프 아이히만Adolf Eichmann이다. 프롬은 이런 사람을 "조직인"이라고 불렀다. 이런 조직인이 가장 많이 모여 있는 곳이 소외된 관료 집단이다. 이들은 남성이든 여성이든 아동이든 상관없이 모든 인간을 단순한 번호로 취급한다. 게다가 자신이 복종한다는 사실을 깨닫지 못하기 때문에 반항하지도 못한다. 요컨대 프롬이 말하는 "조직인"은 자신이 복종한다는 사실조차 망각한 인간, 소외된 인간의 전형이라고 할 수 있다.

익명이 된 "권위"

프롬은 권위의 성격이 20세기 중엽에 바뀌었다고 지적한다. 명백한 힘이었던 권위가 눈에 보이지 않는 익명의 힘으로 변신한 것이다. 이제 아무도 명령을 내리지 않지만, 사람들은 여전히 보이지 않는 권위에 복종한다. 게다가 명백한 존재가 보이지 않으니 복종을 강요당한다고 느끼지 않고 자신이 자발적으로 따르고 있다고 생각한다. 즉 "합리적 권위"에 따른다고 착각한다.

그러나 따르고 있는 대상의 권위가 "합리적 권위"라고 해도 스스로 생각하지 않고 무조건 따르면 "비합리적 권위"에 복종하는 것과 다름없다. 스스로 생각하는 능력이 없는 사람은 권위를 거절하고 불복종할 용기를 낼 수 없기 때문이다. 이처럼 사람들은 "비합리적 권위"에 강제로 복종하면서도 자신이 "합리적 권위"에 자발적으로 따른다고 믿는다. 프롬은 사람들을 이런 착각에 빠뜨리는 "비합리적 권위"를 "그것"이라고 부른다. "그것"은 영어로는 "It"이지만 독일어로는 "사람das Man"인데, 독일어 쪽이 더 원래 의미를 더 잘 표현하는 것 같다. 이처럼 **"사람**이 생각하거나 느끼거나 행동한다"라고 말할 때의 "사람Man"은 특정한 사람이 아니라 "세인世人", "세간"을 뜻한다.

명백하게 "비합리적 권위"가 존재했던 시대에는 투쟁이나 반항이 일어났다. 그런 갈등과 투쟁 속에서 개성과 자기의식도 발달했다. 의심하고 항의하고 반항하는 행위를 통해서 사람들이 "나"라는 존재를 경험하는 덕분이다. 그러나 권위가 익명이 되면 그 존재를 실감할 수 없으므로 애초에 반항 의식이 생기지 않는다. 그래서 "나"는 자기의식을 잃고 쉽사리 "그것", 즉 "사람"의 일부가 된다.

이 익명의 권위는 "동조"라는 메커니즘으로 작용한다. 이 "동조"의 압력은 "너도 모두가 하는 일을 해야 한다", "다른 사람과 달라지거나 튀면 안 된다", "네가 옳은지 그른지 물어서도 안 된다"라고 강요한다. 유일하게 허용된 질문은 "나는 세간에 잘 적응했는가", "나는 타인과 같아졌는가"이다. 이 동조 압력에 굴복하면 "나"는 개성을 잃고 더는 "나"라는 존재가 아니게 된다.

현대의 이런 위기에서 탈출하려면 "이성reason"이 필요하다. 그러나 프롬이 말하는 이성이란 단지 합리성만을 추구하는 냉정한 사고 작용이 아니다. 이성이란 프롬이 인간에게 가장 중요하다고 간주하는 행위인 사고와 통찰의 토대이다. 이를 두고 프롬은 이렇게 말했다.

> 이성에는 "관계 설정"과 "자기감각"이 필요하다. 인상이나 사고나 의견을 자동으로 받아들이기만 하는 사람은 그것들을 비교하거나 조작할 수는 있어도 통찰할 수는 없다. (『건전한 사회』)

여기에서 말하는 "통찰penetrate, durchschauen"은 "표면의 배후에 있는 것을 찾아내고 나를 둘러싼 현실의 핵심과 본질을 인식하려 하는 행위"를 뜻한다.

그리고 프롬은 "나"가 "나"일 때에만 이성을 사용할 수 있다는 취지로 이런 말을 덧붙였다.

> 데카르트는 "내가 생각한다"라는 사실에서 개인인 나의 존재를 추론했다. 그래서 "나는 의심한다. 그러므로 나는 생각한다. 나는 생각하므로 존재한다"라고 말했다. 이 명제의 역도 참이다. 따라서 "그것"의 한가운데에 있어도 내가

"나"로 존재하고 "나"의 개성을 잃지만 않으면 나는 스스로 생각할 수 있다. 즉, 내 이성을 행사할 수 있다. (같은 책)

"'그것'의 한가운데에 있더라도……'나'의 개성을 잃지만 않으면"이라고 번역했지만, 여기서도 "그것"을 독일어 "das Man"(사람)으로 바꿀 수 있다. 그러면 이 문장은 "나는 누구도 아닌 '사람들' 속에 있으면서 개성을 잃지 않을 때에만 이성을 활용해 사고할 수 있다"로 바뀐다.

따라서 "나"를 빼앗기도록 교육받은 사람은 즐거운 시간을 보내더라도 근원적으로 불행하다. 그것이 프롬의 생각이다.

두 가지 윤리
| "권위주의적 윤리"와 "휴머니즘적 윤리"

프롬은 권위가 "비합리적 권위"와 "합리적 권위"로 나뉘는 것처럼 윤리도 "권위주의적 윤리"와 "휴머니즘적 윤리"로 나뉜다고 말한다.

우선 "권위주의적 윤리"는 선과 악을 스스로 판단하는 인간의 능력을 부정한다. 그리고 개인을 초월한 권위만이 선악을 규정할 수 있다고 주장한다. 따라서 이 윤리는 이성과 지식이 아니라 권위에 대한 두려움과 그 권위를 따르는 자의 나약함, 즉 의존성으로 지탱된다. 또한 권위주의적 윤리는 "선악이란 무엇인가"라는 질문에 오로지 "권위의 이익"이라는 관점으로 답한다. 개인보다는 그 권위자가 대표하는 전체 이익을 우선하는 것이다.

이런 권위에 따르면서 이익을 얻을 수도 있다. 권위자를 감싸다가 일시적으로 평판이 나빠지더라도 최종적으로 그 권위자에게 칭찬받고 승진하기만 하면 명예욕도 채워지고 경제적으로도 보상받을 수 있는 것이다. 그럼에도 프롬은 이 관계가 착취적이라고 말한다. 문제가 발생하는 즉시 권위에 복종한 사람이 책임을 뒤집어쓰고 버려지기 때문이다.

어린아이의 유치한 판단이나 평균적인 성인의 무비

판적인 가치 판단에서 이런 "권위주의적 윤리"의 특징이 특히 두드러진다. 이런 경우 선의 판단 근거는 자신의 내면이 아닌 외부에 있다. 이들에게 선이란 실천하면 칭찬받는 일이고, 악이란 사회적 권위 또는 "사람들"의 빈축을 사거나 처벌을 초래하는 일이다. 이들은 타인에게 인정받지 못할까 두려워서 타인의 평가를 거의 유일한 윤리적 판단의 동기로 삼는다.

왜 사람들은 이처럼 복종을 덕으로, 불복종을 악덕으로 생각하게 되었을까? 답은 간단하다. 소수가 다수를 지배해왔기 때문이다.

아담과 이브가 선악과를 먹고 선악을 분별할 수 있게된 것 자체는 악이 아니었다. 그러나 신은 인간이 스스로의 힘으로 선악을 알아 신처럼 되는 것을 불복종으로 간주했다. 이 불복종이 원죄가 되어 아담과 이브의 자손을 타락시켰다. 프롬은 이에 관해, 신의 은총을 구하는 특별한 행위를 통해서만 인간이 구원받을 수 있다고 가르침으로써 교회가 지배자의 권위를 지탱해왔다고 말한다.

권위주의적 윤리가 가장 용서받지 못할 죄로 꼽는 행위는 "불복종"이다. 즉 규범을 정할 권리가 권위에 있다는 사실, 또 그 권위가 정한 규범이 그것을 따르는 자에게 가장 유리하다는 사실을 의심하는 것이 가장 큰 죄악이다. (『자기를 위한 인간』)

권위주의적 윤리의 가장 큰 문제는 사고에 이성을 활용하지 않는다는 것이다. 이성을 활용하려면 "나"라는 존재가 필요하다. 그러나 권위에 따르기만 하면 이성이 필요 없다. 스스로 사고하지 않으면 결단의 책임을 질 필요도 없다. 그래서 "사람들"이 일부러 이성으로 사고하지 않으려고 하는 것이다.

한편 "휴머니즘적 윤리"는 덕과 악덕의 기준을 정하는 주체는 어디까지나 인간 자신이며, 인간을 넘어서는 권위가 아니라고 주장한다. 또한 "선"은 인간에게 도움이 되는 일이고, "악"은 인간에게 도움이 되지 않는 일이라고 말한다. 프롬은 이 원리를 "윤리적 가치의 유일한 기준은 인간의 행복이다"라고 바꿔 말하기도 했다.

휴머니즘적 윤리에 따르면, 인간을 행복하게 만드는 행위가 선이고 불행하게 만드는 행위가 악이다. 즉 선악이란, 어떤 권위자가 자신의 이익을 기준으로 정하는 것이 아니라 어디까지나 인간 개개인이 정하는 것이다.

이성과 양심에 기초한
가치 판단

프롬은 윤리와 이성이 분리될 수 없다고 말한다.

윤리적 행동은 가치를 판단하는 이성의 능력에 기초한다. 즉 사람은 이성으로 선악을 결정하고 그 결정에 기초하여 행동을 개시한다. (『건전한 사회』)

가치를 판단하는 것은 이성의 역할이다. 인간은 이성으로 무엇이 선이고 행복인지 판단할 수 있다. 그 판단이 항상 정확하지는 않더라도, 이성 없이는 스스로 판단하는 일 자체가 불가능하다.

그러나 현대의 개인은 이미 자동 기계가 되어 이성을 잠재운 채 거대한 "그것"에 봉사하고 있다. 이런 상황에서 어떻게 해야 윤리가 다시 중요해질 수 있을까? 프롬이 강조한 것은 인간 개개인의 "양심"이다.

양심은 원래 쉽게 동조하지 않는다. 양심은 사람들이 다 "네"라고 말해도 "아니오"라고 말할 수 있다. 이렇게 "아니오"라고 말하려면 그 판단이 옳다는 확신이 필요하다. (같은 책)

모두가 찬성할 때 양심에 따라 반대하면 고립될까 두려워서 "사람들"에게 동조하는 사람이 많다. 그러나 그렇게 동조하다 보면 자기 양심의 소리를 들을 수 없다.

프롬은 양심을 이렇게 설명했다.

양심은 인간이 자신을 물건이나 상품이 아닌 인간으로 경험할 때에만 존재한다. (같은 책)

"사람들"에게 동조하려면 자신을 버려야 한다. 하지만 자기 생각이 없는 인간은 이미 인간이 아니며, 언제든 다른 누군가로 대체할 수 있는 단순한 **자원**에 불과하다.

프롬은 양심 역시 "권위주의적 양심"과 "휴머니즘적 양심"으로 구분한다.

"권위주의적 양심"이란 부모, 국가, 교회 혹은 특정 문화의 권위자 등 외부의 권위가 내면의 목소리로 변한 것을 말한다. 그러면 단순히 외부의 권위가 정해놓은 규율과 제재가 자신의 일부가 되어버린다. 그래서 결국 자기 외부의 무엇인가에 책임이 있다고 생각하지 않고 자기 내면의 무엇인가로 책임을 돌리게 된다. 즉, 자기 양심에 가책을 느끼는 것이다.

이처럼 "권위주의적 양심"을 내면화하면 단순히 외부의 권위를 두려워할 때보다 행위를 더 효과적으로 규제할 수 있다. 외부 권위로부터는 도망칠 수 있지만, 내면화하여 자기 일부가 된 권위로부터는 도망칠 수 없기 때문이다. 프로이트가 말하는 "초자아超自我"도 내면화한 권위의 일종이다.

이때 가장 중요한 사실은 권위주의적 양심이 각자의 가치관이 아니라 오로지 권위자의 규범으로 모든 일을 판단한다는 점이다. 권위자의 규범이 다행히 "선"이라면 권위주의적 양심도 행동을 선한 방향으로 이끌 수 있다. 그러나 그것은 어디까지나 양심의 규범이 아닌 권위자의 규범이 "선"이었던 덕분이다.

권위자의 규범에 따라 행동하는 사람은 설사 권위자의 규범이 악할지라도 자신의 행동이 양심적이라고 믿는다. 앞에서 말한 히틀러 신봉자 아이히만 역시 비인간적인 행위를 저지르면서도 자신이 자기 양심에 따라 행동한다고 믿었다.

요컨대 권위주의적 양심이 보기에는 권위에 대한 복종이 "선"이고 불복종이 "악"이다.

권위주의적 상황에서는 권위의 지배에 반항하는 것이 근본적인 죄이다. 그런 상황에서는 불복종이 최악의 죄, 복종이 최선의 덕이다. (『자기를 위한 인간』)

한편 프롬은 "휴머니즘적 양심"에 관해서는 이렇게 말했다.

휴머니즘적 양심은 우리가 기분을 맞춰주려고 애쓰는 권위가 내면의 목소리로 변한 것이 아니다. 그것은 외부의 처벌이나 칭찬과 관계없이 모든 인간의 내면에 존재하는 우리 자신의 목소리이다. (앞의 책)

그러나 처벌이나 칭찬과 관계없이 양심의 목소리에만 귀를 기울이기는 쉽지 않다. 왜 그럴까?

"양심"은 (con-scientia가 어원이라는 데에서 짐작할 수 있다시피) 자기 내면에 있는 지식이자 "삶의 기술"의 성공과 실패에 관한 지식이다. (앞의 책)

양심conscience의 어원은 라틴어 conscientia로, 그리스어 syneidesis를 직역한 것이다. 여기에서 con이나 syn은 "함께", "같이"를 뜻하고 scientia, syneidesis는 "안다"를 뜻하므로, 이 단어는 "무엇인가를 누군가와 함께 안다"라는 뜻이다. 따라서 이 단어는 자신이 부정을 저질렀다는 사실을 스스로 인정하는 경우 등에 사용되었다. 이후 "자신과 함께 안다"였던 이 단어의 뜻은 점차 "양심(도덕의식)"으로 바뀌었다. 다시 말해, 부정을 저질러놓고도 죄책감이 전혀 없는 사람은 양심이 없다고 할 수 있다. 즉 그는 "자신과 함께 아는 것"이 없는 사람이다.

또 위에서 언급된 "삶의 기술의 성공과 실패에 관한 지식"이란 "삶의 기술을 어떻게 구사해야 인생에 성공하느냐"에 관한 지식을 말한다.

양심은 우리가 인간으로 기능하는지 판단한다. (앞의 책)

자신의 양심에 따라 바르게 행동하고 사고하면 자기 스스로도 자신이 옳다고 인정할 수 있다. 그러나 칭찬만을 바라고 한 행동이나 남의 비난을 피하려고 한 행동 등, 외적 요인만을 원동력으로 삼은 행동은 불안하고 불쾌한 감정을 유발한다. 양심이란 우리를 우리 자신으로 되돌리는 "진짜 자기 목소리"이며, 자신에게 "옳은가?"라고 묻는 목소리에 "네"라고 대답하는 능력이다. 이 능력이 없으면 자신이 한 일조차 정말로 자신이 했다고 말할 수 없다.

> 휴머니즘적 양심의 목표는 생산성, 그리고 행복이다. (앞의 책)

프롬이 이렇게 말하는 것도 그 때문이다. "옳은가?"라는 양심의 질문에 "그렇다"라고 대답할 수 있는 상태, 그것이야말로 진정 생산적이고 행복한 상태일 것이다.

왜 권위에 "아니오"라고 말하지 못할까

그렇다면 왜 권위를 거스르기가 어려울까?

권위에 따르지 않고 무엇이든 스스로 정하려고 하는

사람에게는 두 가지 문제가 생기기 때문이다. 첫째로, 권위에 따르지 않으면 고독해진다. 자신이 타자로부터 동떨어졌음을 깨닫는 순간 우리에게는 무력감과 불안이 덮쳐온다. 그래서 많은 사람들이 자유를 포기하고 권위에 복종한다. 복종하는 동안은 안전하게 보호받는 기분이 들 것이다. 고독해지기 싫으면 스스로 판단하지 말아야 한다. 그렇다 보니 어떤 권위에 복종할지조차 따지지 않게 된다. 어떤 권위에든 복종하기만 하면 자신이 그 권위의 일부가 되어 강해진 것처럼 느껴지니 말이다.

게다가 스스로 결정하면 틀릴 수 있어서 불안하지만, 권위가 대신 결정해주면 "안심"이 된다. 또한 권위에 결정을 맡기면 설령 나중에 문제가 생기더라도 자신이 책임을 지지 않아도 된다고 생각하기 쉽다. 엄밀히 말해서 권위에 결정을 맡긴 책임까지는 스스로 져야 하지만, 사람들은 자신이 결정하지 않았다고 생각하려고 한다.

프롬에 따르면 아이히만은 우리 모두의 상징이므로

누구나 자기 내면에서 아이히만을 찾을 수 있다고 한다. 자신이 권위에 무비판으로 복종하고 있다는 사실조차 깨닫지 못하는 사람은 아이히만 외에도 엄청나게 많을 것이다.

눈을 크게 뜨고
모든 것을 의심하라

그러면 어떻게 해야 권위를 따르지 않을 수 있을까? 프롬의 "Disobedience"를 "반항"이라고 번역할 수도 있지만, 나는 지금까지 일부러 "불복종"이라는 말을 썼다. 이것이 단순한 "반대"가 아니라는 점을 강조하고 싶었기 때문이다.

"따르지 않는다"라는 말은 적극적인 태도를 나타낸다. 이것은 이성과 의지를 긍정하는 태도이며, 반대하는 태도가 아니라 요구하는 태도이다. 즉 무엇인가를 봤다면 "봤다"라고 말하고, 보지 못했다면 "봤다"라고 말하기를 거절하는 태도이다.

그렇다고 공격적이거나 반역적인 태세를 취할 필요는 없다. 우리가 해야 할 일은 잠에서 완전히 깨어나 눈을 크게 뜨고, 반쯤 잠든 채 망할 위험에 처한 사람들을 책임지고 깨우는 것이다.

반쯤 잠든 사람을 깨우는 사람이 바로 "서문"에서 언급한 "대언자"이다. 대언자는 『구약성서』의 시대뿐만 아니라 모든 시대에 존재했다.

프롬은 소크라테스Socrates를 대표적인 대언자로 들었다. 소크라테스는 재판관에게, 신이 자신을 자기 나라에 "뱀" 같은 존재로 보냈다며 이렇게 변론했다.

나는 한 사람씩 기탄없이 이야기를 나누고 종일 설득하고 비난하면서 자네들의 눈을 뜨게 하는 일을 조금도 그만두지 않을 것이다. (플라톤, 『소크라테스의 변명Apologia Sokratous』)

프롬에 따르면, 철학자가 뻔한 말이나 여론을 따르

지 않고 이성과 인류를 따르는 것은 모든 국경을 초월하는 이성의 보편적 성격 덕분이다. 따라서 이성을 따르는 철학자는 "세계 시민"이다. 철학자는 어두운 곳에 빛을 비추어 반쯤 잠든 사람들을 깨우려 한다. 그러나 우리는 누군가가 깨우게 만들지 말고 처음부터 깨어 있어야 한다. 방관하지 말고 행동해야 한다.

권위에 맞서 불복종하려면 권위가 내세우는 전통, 미신, 관습 등 권력에 기반한 모든 것을 의심할 필요가 있다. 일부러 지혜를 짜내고 모든 것을 의심하는 태도를 유지해야 "아니오"라고 대답할 수 있다.

프롬은 "일부러" 지혜를 짜내야 한다고 말한다. 눈을 크게 뜨고 모든 통념을 의심하라는 것이다. 그러기 위해서는 이성이 필요하고, 또 그 이성을 "올바르게" 사용할 기술이 필요하다. 의심하고 비판하고 불복종할 능력을 갖추면 인류는 밝은 미래를 맞이할 것이고, 그렇지 않으면 문명이 끝장날 것이다. 이것이 프롬의 주장이다.

양심의 목소리를
듣는다

인간은 자기 이성으로 판단하고 결심해야 할 때 고독해질
수밖에 없다. (『자기를 위한 인간』)

늘 타인의 눈치를 살피며 자기 의견 없이 타인의 의견
에 휘둘리고 타인에게 판단을 맡기다 보면 올바른 판단
을 내릴 수 없게 된다.

한편 다른 사람의 반대에 부딪히더라도 이성으로 판
단하고 자신의 생각을 관철하려면 고독해지기 마련이
다. 따라서 권위에 복종하지 않고 "아니오"라고 말하려
면 내면에서 들리는 양심의 소리를 따르겠다는 결단도
필요하다.

양심에 따라 행동하는 능력은 자기 사회의 한계를 얼마나
초월하여 세계 시민이 되느냐에 달려 있다. (앞의 책)

인간은 사회(공동체)와 인류 양쪽에 속해 있다. 자신이 소속된 사회가 본질적으로 인간적$_{human}$이라면 사회와 인류 중 무엇을 골라야 할지 갈등하지 않아도 될 것이다. 그러나 실제로는 대개의 사회가 인간적이지 않으므로 갈등이 생긴다.

회사나 국가처럼 좁은 **자기** 사회를 넘어 넓은 "인류"에 소속된 사람이 "세계 시민"이다. 이 사실을 자각하는 사람은 "양심"에 따라 행동한다. 이렇게 세계 시민이 되면 설사 자기 사회로부터 분리되더라도 고독해지지 않는다.

따라서 정말로 지켜야 할 것은 내면의 "휴머니티"이다. 프롬이 말하는 "휴머니티"에는 두 가지 의미가 있다. 하나는 연대할 대상인 "인류"이고, 다른 하나는 자기 내면의 인간성인 이성과 양심, 즉 "자기 자신"이다.

"사회적으로 순응한 자기 자신과 인류의 소외로부터의 해방"(『의혹과 행동』)을 성취하기만 하면 "자기 사회"에서는 고립될지언정 결코 자기 자신과 인류로부터 고립되지는 않는다. 다시 말해, 자기 내면의 이성과 양심

에 따라 행동하는 동시에 외부 인류와의 연대를 의식해
야만 비로소 자기 자신이 될 수 있다.

문제는 이 양심의 소리가 작을 때가 많아서 우리가
타인의 목소리에만 귀를 기울이고 자기 목소리에는 좀
처럼 귀를 기울이지 않는다는 것이다. 여기에서 "타인
의 목소리"란 말 그대로 "목소리"가 아니다. 영화, 신문,
라디오, 시시한 대화, SNS까지, 오늘날 우리가 보고 듣
는 온갖 외부 의견과 생각이다. 이런 타인의 목소리에
만 귀를 기울이고 스스로 사고하지 않는 것은 익명의
권위에 굴복하는 일이다.

양심의 소리에 귀를 기울이려면 어떻게 해야 할까?
이 질문에 프롬은 "혼자 지내며 고독해져야 한다"라고
답한다.

자기 자신에게 귀를 기울이기 어려운 것은 이 [양심의 소
리를 듣는] 기술을 쓰기 위해서는 현대인에게 거의 없는
또 하나의 능력, 즉 자기 혼자 있는 능력이 필요하기 때문
이다. (앞의 책)

사람은 자신이 속한 좁은 집단 안에서 고립되는 것을 두려워한다. 그러나 사람은 그런 작은 공동체의 일원일 뿐만 아니라 인류의 일원이기도 하다. 그러므로 설사 자신이 속한 작은 공동체에서는 고독할지라도 인류의 일원으로서는 고독하지 않을 수 있다. 인류와의 진짜 "연대"를 느낄 수 있게 되면 사회를 선택하느냐 인류를 선택하느냐 하는 갈등도 사라질 것이다.

제4장

자유로부터의 도피

또 하나의 고독

인간이라면 누구나 겪어야 하고 피할 수 없는 근원적인 문제가 있다. 사람은 결국 죽는다는 것이다. 평소에는 잊고 있던 이 문제는 누구에게나 갑자기 들이닥친다. 이번 장에서는 프롬의 저서 『자기를 위한 인간』을 통해서 이 실존적 문제에 어떻게 대처할지 살펴보자.

사람은 권위에 "아니오"라고 말할 때에만 고독해지는 것이 아니다. 인생의 의미나 삶의 방식에 관한 가치관이 "사람들"과 다를 때에도 고독해질 수 있다.

많은 사람들이 조직원인 자신이 다른 의견을 제시하면 안 된다는 생각으로 입을 다문다. "사람들"이 당연하게 여기는 상식을 의심한다는 사실이 알려지면 직장에서 고립될지도 모르기 때문이다.

프롬은 이런 생각을 "터부taboo"라고 칭하며 이렇게 이야기한다.

> 이 터부를 자각한다는 것은 [타자와] 다르고 [타자로부터] 동떨어져 있으므로 추방당하게 된다는 뜻이다. (『의혹과 행동』)

여기에서 프롬이 "고독"을 "타자와 달라지는 것"으로 정의한 점이 눈길을 끈다.

타인과 다르다는 이유로 타인으로부터 동떨어져 고독해질까 봐 두려워하는 사람이 많다. 그래서 집단 구성원들이 "이렇다"라고 말하면 "그렇다"라고 동조한다. 이성으로 판단하지 않고 "사람들"의 말을 그대로 받아들이는 것이다.

이처럼 고독을 두려워하기 때문에 "사람들"은 적에 관해서만 "악"을 말한다. 나아가 적국 국민의 악덕, 잔혹함, 비인간성, 기만 등을 과민할 정도로 인식한다. 일례로 독일인 대부분이 제2차 세계대전 중 히틀러가 유대인, 러시아인, 폴란드인, 공산주의자를 학살한 사실을 전혀 몰랐다. 사실은 알면서 모두 거짓말을 했다고 생각할 수도 있지만, 프롬은 그들이 정말로 전혀 몰랐다고 말한다.

　이것은 "사회적 무의식" 혹은 "집합적 무의식"의 결과이다. 독일 국민은 알고도 모르는 척한 것이 아니라 자국민에게도 흠이 있다는 사실을 의식하지 못할 만큼 억압되어 있었던 것이다. 그래서 히틀러가 그런 악행을 저지를 수 있었다는 것이 프롬의 생각이다.

　사람들은 자유를 추구하다가도 자유에 책임이 따른다는 사실을 알면 포기하고 만다. 나중에 자유를 쉽게 포기하는 마조히즘적인 유형을 자세히 설명할 테지만, 어쨌든 프롬은 그런 사람들에 관해서 이렇게 말했다.

마조히즘적 인간은 외부의 권위를 주인으로 삼거나 양심 또는 심리적 강박을 주인으로 내면화하여 결단으로부터 해방된다. 즉 자기 자신의 운명에 최종 책임을 지는 일, 따라서 어떤 결단을 내릴지 고민하는 일에서 벗어나는 것이다. 또 인생의 의미나 "자신"이 누구인지 의심하는 일에서도 해방된다. 사람들 사이에 얽힌 힘의 관계가 이 모든 질문에 답해준다. 자아가 굴복한 더 큰 전체가 인생의 의미와 자아 동일성을 결정한다. (『자유로부터의 도피』)

인생이 바라는 대로 되지 않았을 경우 스스로 결정한 사람은 스스로 책임을 져야 하지만, 스스로 결정하지 않은 사람은 책임에서 벗어날 수 있다. 사실은 자신이 아닌 누군가가 자신의 인생을 책임질 수는 없음에도 불구하고, 이런 생각으로 자기 운명에 최종 책임을 지지 않으려고 하는 사람이 많다. 프롬은 이들이 "자유의 짐"에서 벗어나려 한다고 말한다.

자기 운명에 최종 책임을 진다는 것은 자신이 어떻게 살지 스스로 결정한다는 뜻이다. 외부의 권위든 내면화된 권위든, 권위에서 벗어난 그 순간 마음을 굳게 먹고 "인생에 어떤 의미가 있는가?", "나는 누구인가?"라는 질문에 답해야 하는 것이다.

"실존적 이분법"

인생의 의미나 방식을 스스로 생각하려 하지 않는 사람이 많다. 그러나 이것은 인간이기 때문에 생각해야 할 근원적인 문제이며, 살아 있는 한 피할 수 없는 문제이다. 앞에서 말했듯이, 프롬은 이 문제를 "역사적 이분법"과 대비해서 "실존적 이분법"으로 부른다.

프롬에 따르면 인간과 동물은 환경에 적응하는 방식이 다르다. 동물은 환경을 바꾸지 않고 자신을 바꿔 세계와 조화롭게 살아간다. 동물도 자연과 투쟁하기는 하지만, 자신을 불변의 존재로 만들 능력이 없으므로 세상에 적응하든지 세상에서 사라지든지 둘 중 하나를 선택하는 것이다.

인간은 환경에 대한 본능적인 적응력이 비교적 약하다. 동물의 진화 과정에서 본능적 적응력이 유동적으로 변화했는데, 그 적응력이 가장 약해졌을 때에 출현한 종이 인간이기 때문이다. 그 대신 인간은 뇌의 학습 능력이 상대적으로 발달했다.

그때 인간은 동물과는 다른 새로운 특성을 갖추게 되었다. 자신을 타자와 분리된 존재로 의식하고 과거를 기억하고 미래를 그릴 수 있게 된 것이다. 나아가 물체나 행위를 상징으로 표현함으로써 세계를 이성으로 이해하기 시작했고 상상력을 활용하여 자신의 감각을 초월할 수도 있게 되었다. 인간은 동물 중에서 가장 무력한 종이지만, 오히려 이 무력함은 인간의 강점이자 인간의 특성을 발달시키는 최대 요인이 되었다. 그런 의미에서 인간은 자연의 일부인 동시에 자연을 초월하는 존재라고 할 수 있다.

그러나 인간이란 어디에서 어떻게 태어날지 스스로 정하지 못한 상태로 이 세계에 우연히 내던져지며, 또 우연히 이 세계로부터 억지로 분리되는 존재에 불과하다. 게다가 인간은 이런 사실을 알고, 자신이 무력하다는 사실까지 자각하면서도 자기 존재의 한계에서 도망칠 수 없다. 자연의 일부인 동시에 자연을 초월했지만 다른 모든 생물과 똑같은 한계에 묶여 있는 것이다.

프롬은 이 한계를 "모순" 또는 "대립"으로 표현한다. 인간은 아무리 간절해도 자기 마음으로부터 도망칠 수 없다. 살아 있는 한 몸에서 도망칠 수도 없다. 게다가 몸은 생명을 유지할 것을 끊임없이 요구한다. 인간은 종 고유의 행동 패턴을 반복하며 단순하게 사는 것이 아니라, 이런 불가피하고 끊임없는 불균형과 분열 속에서 알아서 살아남아야 한다.

프롬은 인간의 본성에 뿌리내린 이 분열을 앞에서 말한 대로 "실존적 이분법"이라고 부른다. 이 분열을 만들어낸 것도 이성이다. 인간은 이성을 얻고 낙원에서 추방당한 후 영원한 방랑자가 되었기 때문이다.

가장 근원적인 이분법은 삶과 죽음의 이분법이다. 살아 있는 사람이라면 죽음을 피할 수 없다. 인간이 이 사실을 아는 것이 삶에 지대한 영향을 미친다.

죽음에 관한 어떤 지식도 죽음이 삶의 의미 있는 부분이 아니라는 사실, 우리가 죽음을 받아들일 수밖에 없다는 사실을 바꾸지 못한다. 그래서 삶의 관점에서는 죽음이 패배일 수밖에 없다. (『자기를 위한 인간』)

"죽음은 패배이다"라는 말은 매우 강력하게 다가온다. 따라서 인간은 이 이분법을 이데올로기의 도움으로 극복하려 애써왔다. 예를 들면 기독교는 영혼을 불사의 존재로 여겨 인생이 죽음으로 끝난다는 비극적 사실을 부정하려 한다.

인간이 죽을 수밖에 없는 존재라는 사실에서는 또 하나의 이분법도 생겨난다. "실현될지 모르는" 일과 "실제로 실현되는" 일이 별개라는 것이다.

아무리 윤택한 환경에서 태어난다고 해도 사람은 삶이 너무 짧아서 자신의 가능성을 전적으로 실현할 수 없다. 그래서 이데올로기를 도입하여 이 모순과 타협하거나 모순에서 도망치려 한다. 인생은 사후에 성취된다거나 지금 이 시대의 인류가 최종 완성형이라고 주장하는 것도 이런 이데올로기의 일종이다. "사회봉사나 사회적 의무를 다하는 것이 인생의 목적이며 개인의 발전, 자유, 행복은 개인을 초월한 영원한 힘을 상징하는 국가나 공동체만큼 중요하지 않다", "그러므로 개인은 개인을 넘어선 큰 규모의 복지에 종속되어야 한다"라는 생각 역시 하나의 이데올로기이다.

실존적 문제의 해결

이 "실존적 이분법"에서 기인한 불안을 어떻게 해소할 수 있을까? 이데올로기에 자신을 맡기거나 직업, 오락, 수다에 몰두하여 그 불안을 일시적으로는 달랠 수 있을지 모르지만, 근본적으로는 해소할 수 없다. 문제를 해결할 방법은 하나뿐이다.

진실을 직시하여, 나의 운명에 무관심한 우주 안에서 내가 기본적으로 혼자이며 고독하다는 사실을 인정해야 한다.

나 자신을 책임지고 나 자신의 힘을 활용해야만 내 인생에 의미를 부여할 수 있다는 사실을 인식해야 한다. (『자기를 위한 인간』)

고독을 인정하는 것이 시작이다. 위의 인용문 중에서 "인간은 자기 운명에 무관심한 우주 안에서……고독하다"라는 부분에 주목하자. 우주는 사람의 생사에 전혀 관심이 없다.

인간은 유일무이한 존재이며 자신이 다른 누구와도 다른 별개의 존재임을 알고 있어서 고독하다. (앞의 책)

프롬은 아담과 이브가 낙원에서 추방당한 일을 권위에 불복종한 대표적인 사례로 들었는데, 이것은 자연과 일체였던 인간이 자연과 이룬 전前인간적 조화의 족쇄로부터 해방된 사건이기도 하다.

낙원에서 인간은 자연과 일체였으므로 자연이나 동료로부터 "분리된 존재"인 자신을 의식하지 못했다. 그러나 신에게 거역하고 낙원에서 추방당하는 순간 비로소 전인간적 조화에서 벗어나 동물이 아닌 "인간"으로 자립하고 자유로워졌다. 인간은 원죄로 타락한 것이 아니라 이 사건을 계기로 감았던 눈을 떴고, 자연과의 쾌적한 결합으로부터 분리된 "개인"이 되었다. 그러나 그들은 "자립하는" 동시에 자의식을 획득하면서 세계로부터 소외되었다. 그들은 서로가 이방인이라는 사실을 깨달았다. 그리고 세상은 인간을 이방인처럼 대하는 존재, 나아가 적대적인 존재가 되었다.

결국 자의식이 발달함에 따라서 인간은 죽음을 의식하게 된다.

인간은 인간인 한, 즉 자연을 초월하여 자기 자신과 죽음을 의식하는 한, 자신이 완전히 혼자인 데다 타자로부터 분리되어 있다는 사실 때문에 거의 미치고 만다. (『의혹과 행동』)

인간에게는 다른 동물에게는 없는 정신적 특수성이

있다. 자기 자신을 알고 자신의 과거와 미래, 즉 죽음을 자각하는 것이다. 자신이 작고 무력하다는 사실도 인식한다. 즉 자연 속에서 인간은 동물보다 불완전하지만, 다른 동물과 달리 자연을 초월할 수 있다. 인간은 자연에 얽매이면서도 자신의 사고 안에서 자유롭다. 이것이 앞에 언급된 "자연을 초월한다"라는 말의 의미이다.

이런 자기인식 탓에 세상 속의 인간은 고독한 "이방인"이 되었다. 사람은 혼자 이 세상에 왔다가 혼자 떠나야만 한다. 본인이 바란 것도 아닌데 정신을 차리고 보니 이 세상에 태어나 있었다. 반드시 죽으면서도 언제, 어디에서, 어떻게 죽을지 정할 수도 없다.

심지어 오래 살지도 못하는 데다가 죽기 싫은데도 죽어야 하고, 사랑하는 사람보다 먼저 죽거나 사랑하는 사람을 앞서 떠나 보내야 한다. 또한 자연이나 사회의 힘 앞에서 무력해지는 자신을 스스로 알아챈다.

이 모든 사실이 인간의 독립적 존재를 견디기 힘든 감옥으로 만든다. (『사랑의 기술』)

프롬에 따르면, 인간은 자기 자신을 어떻게든 이 감옥에서 꺼내 다른 사람들이나 외부 세계와 연결해야만 제정신으로 살 수 있다. 고독한 사람은 세상으로부터 분리되었다는 불안을 견디기 힘들어서 고독을 어떻게든 해소하려고 한다. 그래서 타자와의 관계를 갈망하며 일체화를 추구하는 것이다. 그런데 문제는 그 욕구를 채우는 방법이다.

종교적, 비종교적인
세계와의 관계

자기 이외의 힘, 자기를 넘어선 힘이 자기를 대신하여 문제를 해결하는 일은 결코 없다고 프롬은 단언한다. 인생의 의미는 자기를 넘어선 힘이 아닌 자기 자신이 부여하는 것이기 때문이다.

프롬은 인간에게 본래 종교적 욕구가 갖춰져 있지만 그렇다고 초자연적인 힘을 가정할 필요는 없다고 말한다. 인간의 상황, 즉 "실존적 이분법"만 이해하면 인간이 동물과 다른 욕구를 가진 이유 정도는 설명할 수 있다는 것이다.

예를 들면 "사람은 빵으로만 사는 것이 아니다"라는 격언에 인간의 특성이 단적으로 드러나 있다. 인간은 아무리 배가 고파도 자기 눈앞에서 굶어 죽어가는 사람에게 빵을 양보할 수 있다. 인간은 배고픔이나 갈증, 성욕을 해결하는 것만으로는 만족하지 못한다. 인간은 무조건 본능에 따라 행동하지 않고 다른 목적을 위해서도 행동한다.

프롬은 자신이 "종교적"이라는 말을 쓰는 이유를 다음과 같이 설명했다.

우리의 언어에는 유신론적 사상과 비유신론적 사상 양쪽에 공통되는 단어, 즉 의미를 탐구하고 자신의 존재를 유의미하게 만들려는 인간의 노력에 부응하고자 애쓰는 모든 사상에 공통으로 쓸 만한 단어가 없다. (『자기를 위한 인간』)

신을 상정한 유신론적 사상 외에도 의미를 찾으려고 애쓰는 사상은 많다. 초창기에는 신의 개념이 없었던 불교 등 비유신론적 사상과 철학도 결국은 "의미"를 추구하게 되었다.

"인간은 왜 사느냐" 등의 실존적인 질문에 답하려고 하는 모든 인간은 "종교적인" 인간이며, 이런 질문의 답을 가르치고 전하려 하는 모든 사상은 "종교"이다. 한편 실존적 문제에 귀를 기울이지 않는 인간이나 문화는 전부 비종교적이다.

프롬은 인생의 의미를 찾으려고 애쓰는 이 모든 사상을 "방향성과 헌신의 틀"이라고 부르며, 인간이 자기 에너지를 어디에 쓰느냐, 무엇에 봉사하느냐에 따라서 이 틀을 몇 가지로 분류했다.

사람은 신 같은 초자연적 존재에만 에너지를 쓰는 것이 아니다. 성공이나 명성에 모든 에너지를 쏟아붓는 사람도 많다. 정복과 지배를 지향하는 독재 체제에 광적으로 헌신하는 사람도 있다. 이런 세속적인 목표를 자기 보존의 욕구보다 더 격렬하고 광적으로 추구하는 모습은 열렬한 종교인을 연상시킨다.

어찌 되었든 어떤 특정한 목표에 에너지를 쏟으려는 욕구는 강력한 동기가 되어서 행동을 유발한다. 이처럼 강력한 에너지의 원천을 프롬은 "이상理想"이라고 부른다.

인간에게는 이상을 따를지 말지 선택할 자유가 없다. 어떤 이상을 따를지 선택할 자유가 있을 뿐이다. (앞의 책)

모든 인간은 이상주의자여서 물질적 풍요 이상의 무엇인가를 추구한다는 뜻이다.

프롬은 권력을 숭배하거나 파괴하는 사람들, 그리고 이성과의 사랑에 에너지를 쏟는 사람들을 그 예로 들었다. 사람마다 이상은 다르지만 "인간 정신의 선함"을 표출하든 "악마의 악함"을 표출하든 간에 이상을 표출한다는 점에서는 동일하다. 그러나 이상 혹은 종교적 감정을 품는 것 자체에 가치가 있다는 상대주의적 사고 방식은 잘못되었을 뿐만 아니라 위험하기도 하다. 세속적인 이데올로기로 표출된 것까지 포함한 모든 이상이 개인의 정당한 요구이기는 하지만, 우리는 그중 무엇이 참이고 무엇이 거짓인지 검증해야 한다.

제5장

프롬의 성격론

프로이트와 마르크스를
통합하다

이번 장에서는 주로 『자기를 위한 인간』을 참고하여 프롬의 성격론을 살펴보고자 한다. 프롬이 프로이트와 마르크스의 이론을 통합하려 했다고 제1장에서도 말했는데, 그 열쇠는 프롬이 정의한 "성격"이었다.

프롬에 따르면 "성격"이란 "인간이 세계와 관계 맺는 방식"이다.

개인이 자기 자신을 세계와 연결하는 방향성이 성격의 핵을 형성한다. 성격은 또한 인간의 에너지가 동화와 사회화 과정을 거치며 지향하는 (비교적 불변하는) 형태라고도 정의할 수 있다. (『자기를 위한 인간』)

"동화"와 "사회화"

프롬에 따르면 인간은 "자원 획득" 및 "자기와 타자(그리고 자신)의 연결"이라는 두 가지 방식으로 세계와 관계를 맺는다. 프롬은 전자를 "동화", 후자를 "사회화"라고 불렀다. "동화"에는 "자원 받기", "자원을 힘으로 획득하기", "자원을 저축, 교환, 생산하기"의 세 가지 패턴이 있다. 한편 "사회화"에는 "복종하기", "지배하기", "파괴 또는 사랑하기"의 세 가지 패턴이 있다.

이 패턴은 동물의 세계에서처럼 본능적으로 결정되지 않는다. 대신 일정한 에너지가 일단 방향성을 띤 다음 "성격에 일치하는 방향으로" 행동을 일으킨다. 이 성격 덕분에 인간의 행동에 어느 정도 일관성이 생긴다. 그래서 인간은 행동 하나하나를 결정하는 무거운 짐에서 벗어날 수 있고 인생을 자기 성격에 맞게 정돈할 수 있다. 그 결과 내적 상황과 외적 조건이 어느 정도 일치하게 된다.

나아가 성격은 사고와 가치를 결정한다. 자신의 사고가 감정이나 욕구와는 무관한 논리적 추론의 결과라고 믿은 나머지, 사고 및 판단을 통해서 자기 세계관을 확인할 수 있다고 오해하는 사람이 많다. 그러나 행동이 성격에서 기인하는 것과 마찬가지로 세계관도 개인의 성격에서 기인한다.

인간은 서로 사랑할 수도, 미워할 수도, 경쟁할 수도, 협력할 수도 있다. 대등한 관계든 권위적인 상하관계든, 자유로운 관계든 억압적인 관계든 상관없이, 관계에 기반하여 하나의 사회 시스템을 만들 수도 있다. 이처럼 인간이 개인 차원에서나 사회 차원에서나 타자와 관계를 맺을 때 활용하는 특정하고 구체적인 패턴이 성격이다.

성격의 의의

인간은 성격 덕분에 일관되고 이성적으로 행동할 수 있다. 나아가 성격은 사회 적응의 기초가 되므로 더 주의해서 다룰 필요가 있다. 아이의 성격은 부모의 성격에 따라 형성된다. 또 부모의 성격과 교육 방식은 부모가 속한 사회 구조에 따라 달라진다. 다시 말해서 가족은 아이에게 일반적으로 사회의 "심리적 대리인"이 되는 것이다. 아이는 가족에게 적응하면서 성격을 형성하고, 그렇게 만들어진 성격으로 나중에 다양한 일을 감당하며 사회에까지 적응한다.

아이는 자신이 속한 사회와 문화의 구성원 대다수가 가진 성격의 핵을 공유한다. 특정 사회나 문화에 속한 사람들이 일정한 성격 요소를 공유하는 것을 보면, 성격이 어느 정도 사회나 문화의 영향으로 형성됨을 알 수 있다. 그래서 "사회적 성격"이 화제가 된다. 이는 같은 문화 안에서도 개인마다 달라지는 "개인적 성격"과는 다르다. 이 개인적 성격을 문제 삼은 프로이트와 달리, 프롬은 사회적 성격이라는 개념을 독자적으로 도출했다.

또한 프롬은 이 사회적 성격이 마르크스가 말하는 경제적 사회 기반(하부 구조, 토대)과 이데올로기적 상부 구조(정치 및 경제 제도, 철학, 예술, 종교 등)를 연결하는 매개라고 주장했다. 즉 하부 구조가 특정한 사회적 성격을 만들어내고 거기에서 이념이 생겨나면 다시 그 이념이 사회적 성격에 영향을 미치고 경제적 기초에도 간접적으로 영향을 준다는 것이다. 하부 구조가 상부 구조로 전환되는 원리를 설명하지 않은 마르크스 대신 프롬이 과제를 해결한 셈이다.

한편 프롬은 아이의 성격이 부모의 성격이나 아이가 자라는 정신적, 자원적 사회 환경에 따라서 달라진다고 주장했다. 다만 개인의 체질적 차이, 그중에서도 기질의 차이가 중요하다고 했는데, 이 기질에 대해서는 명확하게 설명하지 않았다.

그리고 개인 영역과 문화 영역의 경험이 기질과 체질에 미치는 영향도 성격 형성에 중요한 역할을 한다고 말했다. 세상에 똑같은 환경은 없고, 개인의 체질도 제각각 다르므로 환경이 개별적인 체험을 통해서 개인 고유의 성격 형성에 다소간 영향을 미친다는 것이다.

　다만 단순히 문화 규범을 따른 행동이나 사고 습관은 생활 방식이 달라지면 금세 바뀌는 일시적인 현상이므로 개인의 성격과 무관하다. 한편 본래 성격에서 나온 행동이나 사고 습관은 성격이 근본적으로 바뀌지 않는 한 변하지 않는다. 이제 프롬의 성격론을 살펴보자.

"비생산적 방향성"과
"생산적 방향성"

프롬은 이번 장 첫머리에 등장한 "동화"와 "사회화" 과정에서 개인의 내면의 에너지가 향하는 방향을 "비생산적 방향성"과 "생산적 방향성"으로 나누고, 이 둘을 다시 몇 가지로 분류했다.

　단, 이것은 전부 유형일 뿐 특정 개인의 성격이 아니다. 사람의 성격을 하나의 유형으로 규정할 수는 없다.

한 개인의 성격에는 이 모든 유형 또는 이 가운데 몇 가지 유형이 혼합되어 나타난다. "생산적 방향성"이 어느 정도 우세한가, 혹은 특정한 "비생산적 방향성"이 얼마나 두드러지는가에 따라 성격이 달라질 뿐이다.

"방향성"이라는 말에 어색함을 느낄지도 모르지만, 이 말의 어원은 "orientation"이다. 즉 이 말은 앞에서 말한 "개인의 에너지"가 무엇을 "향하느냐"를 가리킨다.

프롬은 "생산적 방향성"을 취할 때에만 인간 내면의 이성과 사랑이 발전한다고 주장했다. 하지만 "생산적이지 않은" 방향성, 즉 "비생산적 방향성"의 유형이 더 다양하므로 그것부터 먼저 살펴보기로 하자.

Ⅰ. 비생산적 방향성

A. "동화" 과정의 비생산적 방향성

우선 동화 과정의 비생산적 방향성을 살펴보자. 동화의 방향성은 ① 수용적 방향성 = 자원 받기, ② 착취적 방향성 = 자원을 힘으로 획득하기, ③ 저축적 방향성 = 자원 저축하기, ④ 시장적 방향성 = 자원 교환하기로 분류된다.

① 수용적 방향성 = "자원 받기"

이 유형은 모든 혜택의 원천이 외부에 있다고 생각하여, 자원이든 사랑이든 지식이든 원하는 것은 무엇이든 외부에서 받으려고 한다. 이들에게 사랑은 언제나 주는 것이 아니라 받는 것이다. 남에게 사랑받는 경험이 너무 강렬하므로 이들은 사랑(또는 사랑으로 보이는 것)을 줄 만한 사람에게 쉽사리 달려든다.

사고에 관해서도 마찬가지이다. 이런 사람들이 지성을 갖추면 최고의 청자가 될 것이다. 그러나 이들은 여전히 일방적으로 받기만 하고 자기 의견을 내놓지 않는다. 스스로 전혀 노력하지 않고 필요한 정보를 주는 사람만 찾는다.

이런 사람이 신앙을 가지게 되면 스스로는 아무것도 하지 않고 모든 것을 신에게 기대한다. 이들은 "보이지 않는 절대자"가 주는 안정감을 느끼기 위해서 종교의 권위자뿐만 아니라 다른 많은 사람에게 충성을 다한다. 그러다 보면 이런저런 충성과 약속 사이에 끼어 이러지도 저러지도 못하는 상태에 이르게 된다. 이들은 "아니오"라고 말하지 못해서 누구에게나 "네"라고 대답한다. 그 결과 비판 능력이 점점 사라져 타자에게 점점 더 의존한다. 자신을 지탱해주는 수단에 의존하면서 자신은 타자의 도움이 없이는 아무것도 하지 못한다고 믿으므로 혼자가 되자마자 버려졌다고 생각한다. 결단을 내리거나 무엇인가 책임지는 일은 자기 스스로만 할 수 있는데도 말이다.

② 착취적 방향성 = "자원을 힘으로 획득하기"

이 유형은 자신이 가지고 싶은 것을 외부에서 찾기만 하고 스스로는 아무것도 생산하지 않는다. 다만 앞의 수용적 유형과 달리 남에게 무엇인가 받기를 기대하지 않고 남에게서 힘과 책략으로 빼앗는다. 할 수만 있다면 누구에게서든 자원을 착취하려고 한다.

사랑할 때도 누군가에게서서 빼앗아야 하는 사람에게 끌린다. 다른 누군가에게 속한 사람일 때에만 매력을 느끼므로 아무 곳에도 속하지 않은 사람과는 사랑에 빠지지 않는다.

사고나 지적 탐구 영역에서도 이런 성향이 드러난다. 이들은 스스로 아무것도 만들어내려고 하지 않는다. 높은 지성을 갖추어 자기 재능으로 충분히 의견을 낼 수 있어도 굳이 타인의 생각을 표절하거나 그것을 다른 말로 바꾸어 자신의 새로운 생각이라고 주장한다.

③ 저축적 방향성 = "자원 저축하기"

이 유형은 외부 세계의 자원을 신용하지 않는다. 그들에게 저축과 절약은 든든한 기반이고 소비는 두려운 위협이다. 그래서 주변에 방호벽을 두르고 그 안에 되도록 많은 자원을 쌓은 다음 아무것도 내보내지 않으려고 한다.

이들에게 사랑이란 어디까지나 소유이다. 사랑을 줄 때보다 사랑하는 사람을 소유했을 때 비로소 사랑을 얻었다고 생각한다.

이런 사람들은 사람이나 기억에 관해서도 특별한 집착을 보일 때가 많다. 과거의 일은 전부 아름다웠다고 착각하며 과거의 감정과 경험을 감상적으로 추억한다. 이들은 아는 것이 많지만 그 지식은 건설적이지 않으며 사고 또한 생산적이지 않다.

이들은 자원이든 사고든 감정이든 전부 질서정연해야만 안심한다. 한편 외부 세계가 자신의 요새를 위협할 수 있다고 판단하면 매우 완고해진다. 작은 침입까지 물리치기 위해서 거의 모든 일에 "아니오"라고 반응한다.

④ 시장적 방향성 = "자원 교환하기"

자신이 교환 가치 있는 상품임을 확인한 경험에서 유래한 방향성을 나는 "시장적 방향성"이라고 부른다. (『자기를 위한 인간』)

이 유형은 현대 자본주의 사회의 얼굴 없는 인간, 즉 "사람들"의 전형이다. 이들은 자신을 "잘 팔리는" 상품으로 만드는 일에만 관심이 있다. 따라서 판매에 성공하면 자신이 가치 있는 존재가 되고 그렇지 않으면 무가치한 존재가 된다고 생각한다.

프롬은 이 역시 "비생산적 방향성"이라고 평가한다. 이들이 인간으로서 자기 힘을 키우지 못해 스스로 아무것도 만들지 못하기 때문이다.

이들을 제대로 이해하려면 현대 자본주의의 본질을 알아야 한다. 이들과 현대 자본주의 사회는 떼려야 뗄 수 없는 관계이다. 현대 자본주의 사회가 현대인을 이런 성격으로 만들었다.

현대 자본주의 사회는 교환 가치만을 중시한다. 인간에 관해서도 마찬가지이다. 자본주의 시장은 인간이 세계와 맺는 관계의 양상뿐만 아니라 인간의 성격까지도 결정한다. 그 결과 현대인은 자기 자신에게까지 교환 가치를 매기게 되었다.

누구나가 자기 가치를 시장에서 인정받을 만큼 성공

하는 것은 물론 아니다. 설사 한 번 성공했다고 해도 경쟁이 끊이지 않는 시장 안에서 타자의 승인을 끊임없이 갈망하다 보면 자신감이 흔들리게 마련이다.

시장적 유형의 인간은 자신에게 소외되어 상품으로 변한 자기의 힘과 대치한다. 그 힘은 자신과 일체가 아니며, 자신에게는 숨겨져 있다. 이들에게는 힘을 활용하여 자기를 실현하는 일보다 그 판매에 성공하는 일이 중요하다. 힘뿐만 아니라 힘이 만들어낸 성과마저 소외되어 자기 자신이 아닌 무엇인가, 타자가 판정하고 사용할 무엇인가가된다. 그러면 자신감과 함께 정체성도 흔들린다. 정체성은 "나는 당신이 바라는 인간이다"라는 마음으로 자신 있게 완수할 수 있는 역할의 총량으로 결정되기 때문이다. (앞의 책)

마르크스의 소외론과 프로이트의 정신분석론을 멋지게 통합한 분석이다. 인간은 자기 정체성을 의심하는 상태로는 살아갈 수 없다. 자기 자신이나 자기 힘이 아닌 타자의 평가를 정체성의 기초로 삼는다면, 찾을 수 있는 것이라고는 양파 같은 자아뿐이다. 계속 껍질을 벗겨도 마지막에는 아무것도 남지 않는 양파 말이다.

지금까지 소개한 것이 프롬이 처음에 제시한 현대인의 성격 유형이다. 그러나 프롬은 인류의 생사를 결정하게 될 또 하나의 성격 유형을 나중에 추가로 발견했다. 바로 "네크로필리아_{Necrophilia}" 유형이다.

⑤ 네크로필리아적 방향성

"네크로필리아"란 "시체에 대한 애착"을 뜻한다. 프롬은 이 말을 "바이오필리아_{Biophilia}"(삶에 대한 애착)의 반대말로 사용했다. 이 유형의 인간은 살아 있는 존재보다 죽은 존재에 끌린다. 죽은 존재란 사체, 부패물, 배설물, 오물 등 보통 사람이 꺼리는 것을 말한다. 이 사람들은 질병, 매장, 죽음에 대해서 즐겨 이야기한다.

"네크로필리아"의 원래 의미가 이렇다 보니 흉악한 살인자가 떠올라서 "나와는 무관한 유형이군"이라고 생각할지도 모르겠다. 그러나 네크로필리아적 방향성

또한 다른 방향성과 마찬가지로 세계와 관계를 맺는 하나의 방식일 뿐이므로 그다지 특별하지 않다.

네크로필리아 유형은 성장하지 않는 것, 기계적인 것을 사랑한다. 이들은 유기체를 무기체로 바꾸어 생각하고 살아 있는 인간마저 전부 "물건"처럼 대하며, 생명에 기계적으로 다가가고 싶다는 욕구에 시달린다. 즉 생명의 모든 과정, 감정, 사고를 물건으로 바꾸려 한다. 이들에게는 경험보다 기억이, "존재하는 것"보다 "손에 쥐는 것"이 중요하다. (『인간의 마음』)

이 유형은 미래가 아닌 과거에 집착한다. 위에 "경험보다 기억이 중요하다"라는 말이 나왔는데, 이것 역시 "사람은 현재밖에 살 수 없는데도 오로지 과거에 집착한다"라는 뜻이다.

그리고 "존재하는 것보다 손에 쥐는 것이 중요하다"라는 말은 프롬 자신이 제시한 두 가지 존재 양식을 참고하여 이해할 수 있다. 프롬은 마쓰오 바쇼松尾芭蕉와

앨프리드 테니슨Alfred Tennyson의 시를 저서에 다음과 같이 인용한 적이 있다.

잘 보면 냉이꽃 피네, 울타리 삼을까. — 마쓰오 바쇼

갈라진 벽에 핀 꽃, 금 간 데서 송두리째 따서 내 손에 쥐었네. — 앨프리드 테니슨

(『소유냐 존재냐To Have or to Be?』)

테니슨은 꽃을 "손에 쥐고" 싶어했다. 그래서 꽃을 손에 쥐고 지적인 사색에 잠겼다. "내가 너(= 꽃)라는 존재를 이해하면 신이 무엇이고 인간이 무엇인지도 이해할 수 있을 것이다"라고 생각한 것이다. 꽃은 시인이 관심을 보인 탓에 생명을 빼앗겼다.

한편 바쇼는 테니슨과 달리 꽃을 꺾으려고 하지 않았다. 만질 생각조차 없었다. 다만 냉이꽃이 "존재한다"라는 사실을 지켜보았다.

네크로필리아 유형은 자신의 소유로 삼았을 때에만 꽃이나 사람 등의 대상과 연결된다. 그래서 소유물에 대한 위협을 자신에 대한 위협으로 받아들이고, 소유물을 잃으면 세계와의 접촉을 잃는다고 느낀다. 이에 따라 이들은 역설적 반응을 보인다. 소유물을 잃기보다 오히려 생명을 잃는 쪽을 선택하는 것이다. 설사 생명을 잃어 소유자로서의 존재를 잃게 된다고 해도 마찬가지이다. (『인간의 마음』)

삶을 제어하려면 삶을 죽음으로 바꾸어야 한다. 죽음은 삶 가운데 단 하나의 확실한 사건이다. (앞의 책)

이것이 네크로필리아 유형의 생각이다. 소유물이 죽으면 자신의 소유권이 소멸하는데도 소유를 포기하지 못하는 것이다. 타자를 소유하려는 사람은 타자를 제어하고 지배하려고 한다. 그들은 살아 있는 인간도 "물건"으로 본다.

그러나 물건이 아닌 생명은 완벽하게 제어하거나 예측할 수 없다. 삶의 영역에서 타자에게 영향을 미치려면 사랑, 자극, 모범 같은 살아 있는 힘이 필요하다. 물질이나 상품, 숫자로는 생명을 다룰 수 없다. 삶은 한 명의 인간, 한 마리의 새, 한 송이의 꽃 등의 구체적인 개체로만 체험할 수 있다. 집단의 삶이나 추상적인 삶 따위는 존재하지 않는다. 모든 인간은 살아 있는 한 사람, 한 사람의 "개인"이다.

그러나 사회는 본래 물건이 아닌 인간까지 수량화, 추상화한다. 이것은 기계의 원리이다. 이런 사회에서 사람은 삶에 무관심해지고, 스스로 죽음에 끌리기까지 한다.

프롬은 핵전쟁의 위협이 이어지는 냉전 시대를 살았던 덕분에 네크로필리아 유형을 발견할 수 있었다. 그나마 이전의 전쟁은 "외부로부터의 공격에서 자국을 방어해야 한다", "경제적 이익이나 자유, 영광을 추구해야 한다", "일정한 생활 수준을 유지해야 한다"라는 구실로 정당화할 수 있었지만, 핵전쟁에는 그 어떤 구실도 들어맞지 않는다. 핵전쟁은 세계 인구의 절반 이상이 몇 시간 안에 재로 변하는 일이다. 문화 중심지가 사라질 것이고 살아남은 사람마저 죽은 사람을 부러워할 정도로 비인간적인 삶으로 내몰릴 것이다. 이런 미래가 예상되는데도 핵전쟁 준비는 계속되는 한편 저항 운동은 확산되지도 거세지지도 않는다. 그 이유가 무엇일까? 프롬은 그 의문을 이렇게 기록했다.

살고 싶은 이유가 많은 사람, 혹은 그렇게 보이는 사람이 모두 파괴되는데도 태연할 수 있는 이유는 무엇일까? 답은 많다. 그러나 다음의 사실을 고려하지 않으면 아무래도 그 답을 만족스럽게 설명할 수 없다. 사람들이 전면적 파괴를 두려워하지 않는 것은 삶을 사랑하지 않기 때문이거나 삶에 무관심하기 때문이고, 심지어 죽음에 끌리기까지 하기 때문이다. (앞의 책)

게다가 자신의 이런 성향을 눈치채지 못하는 사람이 많다. 이들은 오히려 자극이 주는 흥분을 삶의 기쁨이라고 착각하고, 많은 물건을 소유하고 사용할 때에만 자신이 생기를 되찾는다는 환상을 품고 살아간다.

B. "사회화" 과정의 비생산적 방향성

한편 "사회화" 과정의 비생산적 방향성은 ① 복종과 지배의 "공생 유형", ② "퇴행 및 파괴 유형"으로 나뉜다.

① 공생 유형 : "마조히즘"과 "사디즘"

공생 유형은 타자와의 관계에서 자립성을 잃었거나 처음부터 아예 자립하지 않는 유형이다. 이들은 타인에게 종속되거나 타인을 종속시켜서 고독해질 위험을 피하려고 한다.

프롬은 이처럼 타자와의 관계에서 자립성을 잃은 상태를 임상적으로 "마조히즘"이라고 명명했다. 여기에서 언급된 "마조히즘"은 "자신에게 고통을 주어 성적 만족을 얻는 성향"이 아니다. 프롬이 말하는 "마조히즘"은 자아를 버리고 타자에게 의존함으로써 안전을 확보하려는 성향이다. 즉 말 그대로 "자유로부터의 도피"를 택하는 성향이다.

의존의 틀은 다양하지만, 그중에서도 마조히즘 유형은 자신의 의존 상태를 희생이나 의무, 사랑으로 합리화하는 방식을 택한다. 국가를 위해서 희생하는 것이 애국이자 국민의 의무라고 믿는 사람도 이에 해당한다. 이들은 사실 국가와 위정자에게 마조히즘적으로 의존하는 상태이다. 이 "자유로부터의 도피"를 비교적 노골적인 형태로 종용한 사상이 파시즘이다. 그러나 파시즘은 이제 그 형태를 세련되게 바꾸어, 약한 사람이 타자로부터 분리되어 고독해졌을 때 목소리가 큰 사람의 권위에 매달리려고 하는 심리를 교묘히 이용하기 시작했다. 따라서 마조히즘 유형의 증가가 파시즘 시대의 역사 현상으로만 머물지 않고 점점 더 현저하게 나타나고 있다. 프롬은 현대 사회의 이런 심리 구조를 간파했다.

한편 "사디즘"은 "적극적 공생관계"를 지향한다. 마조히즘의 동기가 타자에게 "삼켜지고 싶다"라는 욕망인 한편 사디즘의 동기는 타자를 "삼키고 싶다"라는 욕망이다. 여기에서 나온 "사디즘" 역시 "상대에게 고통을 주어 성적인 만족을 얻는 성향"이 아니다. 이 사디즘 유형은 타자를 "삼키고 싶다"라는 충동을 사랑이나 과보호, "정당화된" 지배, "정당화된" 복수 등 다양한 형태로 합리화한다. 특히 프롬은 "정당화된" 지배, "정당화된" 복수를 언급할 때 전쟁을 염두에 두었다.

무력한 사람을 전적으로 지배하려는 욕망이 "적극적 공생관계"의 근간이다. 지배자는 피지배자를 인간이 아니라 사용하고 착취할 "물건"으로 간주한다. 다만 지배자 역시 선의에 기초하여 피지배자를 부유해지고 유력해지고 성공하도록 만들 수 있다. 그러나 피지배자가 자립하여 자유로워지고 자신의 손을 떠나는 일은 절대 허용하지 않는다.

이들도 상대를 사랑한다고 말하지만, 그 사랑은 부모가 "너를 사랑해서 하는 일이야"라고 말하며 자녀를 지배하려고 들 때처럼 타자를 지배하고 자기 뜻대로 휘둘러 무력하게 만들고 싶다는 충동에서 나온 가짜 사랑이다. 사디즘은 이런 "가면을 쓴 선의의 지배"(『자기를 위한 인간』)로 종종 표출된다.

② 퇴행과 파괴

사회화 과정의 비생산적 방향성 중 두 번째는 "퇴행

과 파괴"이다. 프롬은 그중에서도 타자와 소극적 관계밖에 맺지 못하는 "퇴행"을 문제 삼는다. 여기에서 "퇴행"이란 감정적 측면에서 타자에게 무관심해지는 현상을 말한다.

한편 "파괴"는 퇴행의 적극적인 형태이다. 그런데 프롬에 따르면, 타자를 파괴하고 싶다는 충동은 타자가 자신을 파괴할 것을 두려워하는 마음에서 나온다고 한다. 즉 "파괴"는 삶의 욕동이 비생산적으로 일탈한 결과로, "퇴행"보다 더 심각하게 생산성을 떨어뜨리는 방향성이다.

II. 생산적 방향성

A. "동화" 과정의 생산적 방향성

① 일

한편 프롬은 "생산적 방향성"이 인간 성장의 목적이며 휴머니즘적 윤리학의 이상이라고 말한다. 지금까지

"비생산적 방향성"을 살펴보면서 생산적 방향성이 어떤 것일지는 이미 짐작했겠지만, 물건에 쓰이는 "생산적productive", 혹은 "생산성productivity"이라는 말이 성격 유형을 설명하는 데에 사용된 이유는 쉽게 헤아릴 수 없었을 것이다.

물건을 만드는 능력은 인간에게만 있다. 그러나 프롬은 일단 "물건을 생산하는 성향", 즉 "생산성"이 성격의 한 측면임을 상기시킨다. 앞에서 살펴본 다른 유형과 마찬가지로 "생산적 방향성" 또한 인간이 다양한 영역과 관계 맺는 특정한 방식이다. 프롬은 "생산성"을 다음과 같이 정의한다.

생산성이란 인간이 자기 힘을 활용하여 자신 안에 내재된 가능성을 실현하는 능력을 말한다. (『자기를 위한 인간』)

"자기 힘을 활용하기" 위해서는 일단 자유로워야 하고, 남에게 의존하지 않아야 한다.

위에 인용된 정의는 인간이 이성을 따르는 존재라는

전제하에서만 성립한다. 자기 힘의 정체와 사용법, 사용 목적을 알아야만 힘을 제대로 쓸 수 있기 때문이다.

프롬이 말하는 "생산성"은 "창조성" 또는 "자발성"과 같은 의미이다. 다만 프롬은 "생산성"을 활동성activity과 혼동해서는 안 된다고 지적한다. 프롬이 말하는 "생산적인 사람"은 "행동을 많이 하는 사람"이 아니다. 겉으로 보기에 행동이 많더라도 그 행동으로 무엇인가를 바꾸거나 영향을 미치지 못하고 단순히 외부의 영향을 받기만 한다면 오히려 "수동적인 사람"이다.

불안에 시달리는 사람도 "비생산적"이다. 비록 다른 유형이지만, 권위에 대한 복종과 의존에 기초하여 활동하는 사람도 "비생산적"이다. 어쨌든 권위의 명령에 따라 권위가 바라는 일을 하므로 생산적(자발적)이라고 할 수 없다.

그렇다면 명백한 권위는 아니지만 여론, 문화적 모범이나 상식, 과학 등 익명의 권위에 의존하는 활동은 어떨까? 이것도 앞에서 말한 "권위에 복종하는 활동"과 비슷한 것으로, 역시 행위의 원인이 자기 내부가 아니라 외부에 있으므로 자발성이 없다. 프롬은 타인의 기대 때문에 일어나는 이런 활동을 "자동적 활동"이라고 불렀다.

그리고 질투나 선망 등 비합리적인 감정에 휩쓸려 일어나는 행동도 있다. 경직되고 전형적인 이런 행동 역시 활동성이 있든 없든 부자유하고 비합리적이다. 즉 비생산적이다.

B. "사회화" 과정의 생산적 방향성

① 사랑과 이성적 사고

타자와 관계를 맺는 방식 중에서 가장 생산적인 것이 "사랑"이다. 사랑은 두 사람 사이의 친밀함을 의미하지만, 상대의 성장을 바라는 마음과 서로의 인격을 침해하지 않으려는 태도가 반드시 전제되어야 한다. 생산적인 사랑과 "이성적 사고"의 관계는 다음 장에서 자세히 살펴보겠다.

지금까지 설명한 내용을 표로 정리하면 다음과 같다.

		수용적	
비생산적 방향성	동화	착취적	
		저축적	
		시장적	
		네크로필리아	
	사회화	공생	마조히즘
			사디즘
		퇴행과 파괴	
생산적 방향성	동화	일	
	사회화	사랑과 이성적 사고	

"동화"와 "사회화"의 관계

이번 장 전반부에서 살펴본 "비생산적 방향성"과 "생산적 방향성"에는 "동화"와 "사회화" 과정이라는 공통분모가 존재한다.

얼핏 평화로운 태도와 공격적인 태도로 상반되는 듯한 "수용적인 태도"와 "착취적인 태도"도 상대와의 사이를 친밀하게 만든다는 점에서는 유사하다.

"수용적인 관계"는 더 강한 사람에게 복종하면 필요한 것을 받는다고 믿는 마조히즘적 관계이다. 이런 관계를 맺는 사람은 모든 혜택이 타자에게서 나오고 필요한 모든 것을 강자가 제공한다고 믿는다.

한편 "착취적"인 관계는 사디즘적 관계이다. 이런 관계를 맺는 사람은 원하는 것을 타자에게서 뺏기 위해 상대를 지배하여 무력화하려고 한다.

이 둘과는 달리 "저축적" 관계를 맺는 사람은 타자로부터 항상 거리를 둔다. 이들은 좋은 것을 외부에서 얻으려고 하거나 소비하려고 하지 않으면서 오직 저축해서 소유하려 한다. 이들에게 외부와의 친밀한 관계는 무조건 위협적이다. 이들은 기본적으로 타자와의 관계에서 물러서는 경향이 있는 한편, 외부 요소가 너무 위험하게 느껴지면 그것을 파괴하여 위협을 제거하려 들기도 한다.

"시장적인" 관계 역시 타자와 거리를 두는 관계이다. "저축적인" 관계와는 반대로 다양한 측면에서 우호적이지만, 그 우호성이 얄팍하기 짝이 없다. 이들은 시장적 행동 원리에 따라서 관계를 표면적인 수준에 그치게 만들고 깊은 감정적 수준으로 발전하지 못하도록 방해한다.

지금까지 일반적인 "방향성"을 고찰해보았다. 다음 장에서는 프롬이 특히 중요하게 생각한 "특별한 형태의 생산성", 즉 생산적인 "사랑"과 "사고"를 살펴볼 것이다.

제6장

"사랑"이란 무엇인가

생산적인 사랑과 사고로
고독을 극복한다

프롬은 거의 모든 저작에서 사랑을 논했지만, 특히『사랑의 기술』에서는 사랑의 개념을 정리된 형태로 논했다. 이번 장에서는『사랑의 기술』을 참고하여 프롬이 사랑을 어떻게 생각했는지 알아보자.

먼저 앞 장에서 성격을 분류한 이유를 다시 떠올려보자. 인간이라는 존재는 기본적으로 세계로부터 분리되어 있어 고독하므로, 이 "분리"를 견디지 못하고 세계와 관계를 맺어 일체가 되고 싶어한다. 이런 이유로 인간이 세계와 관계를 맺을 때에 사용하는 특정한 패턴이 성격이며, 이 패턴이 "생산적 방향성"을 띨 때에만 인간 내면의 이성이 발전한다고 앞에서 말했다.

프롬은 "고독에서 벗어나고 싶다", "타자와 일체가 되고 싶다"라는 인간의 근원적인 욕구를 해결할 방법을 이렇게 제시했다.

완전한 답은……사랑 안에 있다. (『사랑의 기술』)

사랑만이 인간 존재의 문제를 해결할 유일하고 건전하고 만족스러운 답이다. (앞의 책)

이 말이 어떤 의미인지 알아보자.

유아는 "나"와 "나 이외의 존재"를 분리하지 못한다. 그러나 "자의식"이 생겨 자신을 "나"라고 부르기 시작하면서부터 둘을 분리하여 인식한다.

『성서』에서는 인간이 낙원에서 자연과 일체였을 때의

상태가 이 유아와 같았다고 말한다. 아기는 자의식이 생기기 전까지 낙원에서 사는 셈이다.

그러나 아담과 이브는 신을 거역하고 눈을 뜨면서 "개인"으로서의 자의식을 획득했다. 그래서 자신이 상대와는 성별이 다른 별개의 존재임을 깨달았다. 이때 인간과 자연의 일차적 결속이 풀렸다. 인간이 자연과 이룬 "전前인간적 조화"라는 족쇄로부터 해방되었다는 뜻이다.

이때의 상황을 프롬은 이렇게 설명한다.

두 사람은 자신들이 분리된 것은 알았지만, 자신들이 아직 이방인이라는 것, 아직 서로를 사랑한다는 것은 알지 못했다. (앞의 책)

이 시점의 "자유"는 단순히 족쇄를 벗은 상태에 불과했다. 심지어 인간은 자유를 획득하는 대신 조화(프롬의 용어로는 "전인간적 조화")의 세계에서 소외되고 말았다. 이전에 친밀했던 자연은 쌀쌀맞아진 것으로 모자라 적대적으로 변했고, 인간은 세상에서 고립되었다.

그때부터 인간은 고독해졌다. 이 고독은 자신이 남과는 다른 존재라는 사실을 가르쳐주었다. 인간은 "나는 저 사람이 아니다"라는 사실을 깨닫고 수치를 느꼈다.

사랑으로 다시 이어지기 전에 인간이 고독을 깨우친 것이 부끄러움의 원천이다. (앞의 책)

자의식이 없어 "나"와 "나 아닌 것"을 분리하여 생각하지 못하는 유아는 자신이 무엇을 해도 보는 사람이 없으므로 수치를 느끼지 않는다. 그러나 타자와 자신을 분리하여 인식하고 고독을 느끼기 시작하면 자신이 타자를 보고 무엇인가를 느끼거나 생각하듯이 타자도 자신을 보고 무엇인가를 느끼고 생각하는 존재임을 알게 된다. 그래서 수치를 느끼는 것이다.

이처럼 인간은 원래 타자와의 분리를 받아들이지 못하는 존재이다. 그래서 어떻게 해서든 고독의 감옥에서 탈출하려고 한다. 문제는 어떻게 해야 처음의 "결속"

을 더 높은 차원으로 회복할 수 있느냐 하는 것이다. 프롬은 이 질문에 "사랑으로"라고 대답한다. 그러나 어떤 사랑이든 다 되는 것은 아니다. 생산적인 사랑이어야 한다.

그렇다면 "생산적인 사랑"이란 과연 어떤 사랑일까? 그 답을 구하려면 조금 먼 길을 돌아가야 한다. 다만 앞에서 성격을 설명했을 때처럼, "생산적이지 않은" 사랑이 어떤 사랑인지부터 살펴보기로 하자.

"사랑"의 "공생적 결속"

이번에도 프롬은 앞 장에서 성격을 분류할 때에 썼던 방식을 구사한다.

비생산적인 사랑의 첫 번째 유형은 태어나기 전의 상태, 즉 어머니와 태아가 공생적으로 결속되어 있었던 상태로 돌아가서 고독을 극복하려고 하는 "공생적 결속symbiotic union"이다. 이 "공생적 결속"에서는 어머니와 태아가 **함께**sym 살아 있으며biosis, 서로를 필요로 한다. 태아는 어머니의 일부이며 필요한 모든 것을 어머니에게서 받는다. 어머니는 태아의 세계이다.

그러나 세상에 나와 어머니에게서 독립한 후에도 태아일 때와 똑같은 결속에 의지하여 살아가려는 사람이 있다. 이런 "공생적 결속"의 수동적 형태가 "복종"이다.

이들은 유아처럼 사랑과 돌봄을 받고 보호받을 때만 행복을 느낀다. 반대로 자신을 사랑해주는 사람과 헤어질 위기에 처하면 고독에 대한 심각한 두려움과 불안에 휩싸인다. 그래서 "강한 사람"을 찾아 그의 명령에 무조건 따르려고 한다. "강한 사람"에게 복종하면 스스로 결정하는 부담, 결정에 실패했을 때의 책임에서 벗어날 수 있기 때문이다. 이렇게 복종을 선택하면 고독을 피하는 대가로 자유를 포기하게 된다. 앞 장에서도 말했다시피 이런 심리 상태를 임상 용어로 "마조히즘"이라고 한다.

한편 "공생적 결속"의 능동적 형태가 "지배적 결속", 즉 "사디즘"이다. 이 유형은 자신을 부풀려 보여줌으로

써 자신을 숭배하는 타자를 지배하려 한다.

그러나 사디즘 유형도 자신에게 복종하는 사람에게 의존한다. 지배자도 피지배자도 상대 없이는 살 수 없다. 사디즘 유형이 명령하고 착취하고 상처를 입히고 모욕하는 한편, 마조히즘 유형은 명령받고 착취당하고 상처 입고 모욕당한다는 차이가 있을 뿐이다.

이처럼 "공생적 결속"의 두 유형은 겉으로는 정반대로 보이지만 본질적으로는 똑같다고 할 수 있다. 둘 다 "상대와의 불완전한 결속"을 추구하는 것이다. 이들도 타자와의 결속을 추구하기는 하지만, 결과적으로 개성을 잃고 자기 자신이 아닌 존재가 되고 만다.

"성숙한 사랑"

프롬은 고독을 극복하는 또 하나의 방법을 제시했다. "새로운 조화"에 도달하는 것이다. 프롬은 이것을 "옳은 방법"이라고 일컬었다.

이 "새로운 조화"는 앞에서 언급한 낙원의 조화, 즉 전인간적, 전前의식적 조화와는 차원이 다르다. 프롬은 이 조화를 이렇게 설명했다.

사람이 자기 자신과 세계로부터 소외당하는 단계를 거쳐 완전히 태어나야만 도달할 수 있는 상태. (『정신분석과 선 불교*Psychoanalysis and Zen Buddhism*』)

탄생은 단발적인 사건이 아니라 연속적인 과정이다. 인생 의 목적은 완전히 태어나는 것이다. (앞의 책)

즉, 인간은 어머니의 배에서 나오기만 해서는 "완전 히" 태어나지 못한다는 것이다.

인생의 거의 모든 비극은 사람이 부모, 가족, 인종, 국 가, 지위, 돈, 신 등과의 "공생적 결속"을 끊지 못하여 "완전히 태어나지 못한" 상태로 삶을 마감하기 때문에 일어난다고 프롬은 말했다. "탄생은 단발적인 사건이 아니라 연속적인 과정이다"라는 말에, 사람이 살아가

려면 끊임없이 태어나야 한다는 프롬의 생각이 잘 드러나 있다. "새로운 조화"에는 단숨에 도달할 수 없는 것이다.

그러면 어떻게 해야 "새로운 조화"에 도달할 수 있을까? 이에 프롬은 "공생적 결속"에서 기인한 자기 중심성을 극복하고 자의식과 이성과 사랑하는 능력을 발달시켜야 한다고 말한다.

자의식과 이성을 발달시키려면 무엇보다 먼저 자기 자신과 외부 세계를 분리해야 한다. 대상화하지 못하면 세계를 이성적으로 파악할 수 없기 때문이다. 다시 말해서 세계와 하나가 되기 전에 일단 세계로부터 소외되어야 하는 것이다.

사랑도 똑같다. 계속 세계의 일부로 존재하는 상태로는 타자를 사랑할 수 없다. 아담과 이브도 처음의 조화를 잃기 전에는 사랑을 몰랐다. 그러나 자신들이 낙원에서 쫓겨나 고독해졌다는 사실을 깨닫고서야 비로소 그 고독을 사랑으로 극복하려고 했다.

이것은 "공생적 결속"으로는 결코 성취할 수 없는 일

이다. 상대에게서 분리되고 고독해져야만 결속을 회복하고 사랑할 수 있다. "분리되고" "고독해진" 사람끼리의 결속이야말로 완전성과 개성을 해치지 않는 결속이며, "새로운 조화"이자 "사랑"이다. 사랑하려면 "타자"가 일단 "이방인"이 되어야 하는 것이다.

다시 말하지만, 일반적인 생각과는 달리 사랑이란 "일체화"가 아니라 "소외", 즉 자신과 상대의 분리를 전제로 한다. 그런 다음 그 "단절"을 극복하고 벽을 부수어야만 사랑을 시작할 수 있다. 그때 비로소 사랑의 행위를 통해서 "이방인"이 "나"라는 존재로 변한다.

프롬은 인간이 인간을 사랑할 수 없게 만드는 이 "단절" 상태를 "사람을 무리fellowmen로부터 떼어놓는 벽"이라고 불렀다. 여기에서 "무리"라는 말이 쓰인 데에 주목할 필요가 있다. 이는 즉 사랑하기 전부터 타자와 나는 한 무리였다는 뜻이다. Fellowmen은 독일어로는 Mitmenschen으로, "사람과 사람Menschen이 엮여 있음mit"을 뜻한다.

그런데도 타자를 동료가 아닌 적으로 생각하는 사람

이 많다. 여기에서 "적"은 독일어로는 "사람과 사람이 대립한다"라는 뜻의 Gegenmenschen이다. 타자를 적으로 생각하는 한, 혹은 그 정도는 아니라도 타자를 "이방인"으로 생각하는 한 타자와의 사이에 벽이 생기기 마련이다.

"성숙한 사랑"은 이 벽을 무너뜨리는 능력, 타자와 결속하는 능력이다. 프롬은 이 결속을 "재결속Reunion"으로 부른다. 한 번 분리된 사람과 재결속해야 무리가 되는 것이다. 이처럼 "성숙한 사랑"이 있으면 고독감을 극복하면서도 자기 자신을 지킬 수 있다. "공생적 결속"과는 달리 자신의 완전성을 유지할 수 있는 것이다.

"완전성"을 뜻하는 독일어 단어 Integrität에는 "불가침성"이라는 뜻도 있다. 이 말이 보여주듯이 성숙한 사랑은 자신의 완전성을 둘러싼 경계를 침범하지 않는다. 동시에 한편으로는 타자와 자신을 격리한 벽을 무너뜨리고 재결속을 실현한다.

프롬에 따르면 "생산적으로 세계와 관계를 맺는 방식"이란 인간의 독자적 존재를 해치지 않으면서도 자기 힘을 발휘하여 세계와 자신을 연결하는 방식이다. 그런데 그 방식이 "사랑"이라니, 과연 어떤 의미일까?

> 친밀성과 자립성, 타자와의 일체성과 독자성, 특수성을 동시에 추구해야 한다는 것이 인간 존재의 역설이다. (『자기를 위한 인간』)

사랑에는 두 사람이 하나가 되면서도 각자 존재해야 한다는 역설이 숨어 있다. 가까이 있으면서도 독립적으로 존재하는 것이 어떤 일인지, 말은 알아들을 수 있어도 그 의미를 제대로 이해하기가 쉽지 않다.

그런데 프롬은 이 역설의 답이 "생산성"에 있다고 말한다.

> 사람은 행위와 이해를 통해서 세계와 생산적인 관계를 맺을 수 있다. 무엇인가를 창조하고 생산하는 과정에서 그것에 대한 힘이 생긴다. (앞의 책)

지금까지 그랬듯이, "무엇인가를 생산한다"라는 말은 물건 제작만을 뜻하지 않는다. 인간은 예술 작품도 사상 체계도 만들 수 있다. 그러나 프롬은 생산의 가장 중요한 대상이 인간 자신이라고 말한다.

여기에서 프롬이 "힘"이라는 말을 사용했다는 점에도 주목해야 한다. 사람과 사람 사이에 관계가 없다면 아무런 힘도 생겨나지 않는다. 사람 사이에 관계가 맺어질 때 비로소 힘이 생긴다. 그런데 프롬은 이 힘에도 두 가지 의미가 있다고 말한다. "능력power of = capacity"과 "지배power over = domination"이다.

지배관계를 힘으로 생각하는 것은 능력이 마비되었기 때문이다. (앞의 책)

사람을 사랑하는 능력capacity to love이 없는 사람은 지배력을 행사하려고 한다. 이 "힘"을 통한 "지배–피지배 관계"가 앞에서 말한 "공생적 결속"이다.

누군가를 지배하려면 그 대상이 무력해야 한다. 적어

도 이들은 자신의 지배를 그렇게 정당화한다. 부모가 사랑이라는 이름으로 아이를 지배할 때와 마찬가지이다. 이런 사람들은 상대가 자유로워져서 자립하거나 자신의 지배에서 벗어나려고 하면 전력으로 저지한다.

부모들 중에는 "다 너를 위한 일"이라며 자식이 자유롭게 사는 것을 허용하지 않는 사람이 있다. 은밀히 자식을 지배하고 싶은 부모는 아이가 자립하여 자신에게서 분리되는 상황을 어떻게든 막으려고 한다. 부모 자식뿐만 아니라 연인관계에서도 이런 일이 종종 일어난다.

한편 지배당하는 사람은 "무無"가 된다. 다시 말해서 인간으로서의 개성을 잃는다. 하지만 오히려 이렇게 되기를 바라는 사람도 있다. 복종하면 스스로 결정할 필요가 없어지기 때문이다. 지배하는 사람과 지배당하는 사람은 이런 "공생관계", 즉 "공의존"에 안주한다.

그러나 사랑하는 능력이 있는 사람은 지배당하지도 지배하지도 않는다. 이처럼 상대를 지배하지도 않고 상대에게 지배당하지도 않는 사랑이 성숙한 사랑이며 생산적인 사랑이다.

사랑은 "능동적 활동"

프롬이 생각하는 사랑은 "사랑하는 능력"이다.

"성숙한 사랑"은 일반적으로 말하는 사랑과는 상당히 다르다. 이 사랑은 "빠진다"라고 표현되는 수동적 감정이 아니다. 사랑을 그런 수동적 감정으로 생각하는 사람은 사랑에 빠지기는 쉬워도 사랑할 상대를 찾기가 어려울 것이다. 그런데도 이들은 자신이 사랑에서 행복을 찾지 못하는 것이 적합한 상대를 찾지 못한 불운 때문이라고 믿는다.

그러나 프롬에 따르면, 사랑은 수동적인 감정이 아니라 능동적인 힘이자 활동이다. 다시 말해서 사랑은 "주는" 것이지 수동적으로 "받는" 것이 아니다.

이 진정한 사랑은 생산성에 기초한다. 자식을 향한 부모의 사랑이든 인류를 향한 사랑이든 반려자를 향한 성애든 본질은 같다.

나르시시즘적 욕구를 극복한 생산적인 사람은 인간으로서의 자기 힘을 신뢰한다. 다시 말해서 자기 "힘"을 신뢰하지 못하는 사람은 "주는" 사랑, 진정한 사랑을 할 수 없다. "주는give" 것은 무엇인가를 포기하거나give up 빼앗기는 것과는 다르다. "주는" 일을 그렇게 생각하는 사람은 제5장에서 언급한 "비생산적" 성격이다.

가령 시장적 방향성을 띠는 사람이라면 보답이 있을 때에만 기꺼이 줄 것이고 주었는데도 보답이 없으면 속았다고 생각할 것이다. 일반적으로 비생산적 성격은 "주면 가난해진다"라고 생각한다. 그래서 주기를 거절하거나 보답이 있을 때에만 준다.

주는 일을 희생으로 생각하는 사람도 있다. 이들은 주는 일이 고통을 참으며 희생을 감수하는 행위이기 때문에 덕이라고 믿는다. 그러나 그런 마조히스트들은 원래 쾌락을 느끼기보다는 무엇인가를 빼앗기면서 견디는 것을 좋아할 뿐이다.

생산적인 성격은 이러한 유형과는 전혀 다르게 생각한다. 그들에게 주는 일은 "힘"을 표현하는 최고의 방식이다.

그렇다면 이들은 무엇을 줄까? 자신에게 가장 중요

한 것, 즉 생명을 준다. 그리고 그 행위를 통해서 자신의 "강력함"과 "풍요함"을 경험한다. 이들은 받기 위해, 즉 사랑받기 위해서 주는 것이 아니다. 이들에게는 주는 일, 즉 사랑하는 일 자체가 기쁨이다.

그리고 이 주는 행위는 반드시 타자에게도 영향을 미쳐 무엇인가를 생산하게 만든다. 그 무엇인가는 바로 "사랑"이다. 주는 행위로 사랑을 생산하는 것이다. 그러면 상대가 낳은 사랑이 다시 자신에게로 돌아온다. 진심으로 주면 반드시 보답이 따른다.

사랑의 기본 요소

그러나 사랑에는 "주는" 것 외에도 능동적인 요소가 많다. 프롬은 배려, 책임, 존중, 지식을 사랑의 기본 요소로 꼽았다.

"배려와 책임"이 사랑의 본질인 것만 보아도 사랑이 인간을 압도하는 단순한 정념이 아니라는 사실을 알 수 있다.

자식을 사랑하는 부모의 모습을 보면 "배려"가 사랑의 첫째 요소라는 사실을 실감하게 된다. 자식을 먹이고 씻기는 데에 소홀한 사람이 자식을 사랑한다고 아무리 말해도 그 말을 믿을 사람은 많지 않다. 그래서 프롬은 이렇게 말했다.

어떤 여성이 꽃을 사랑한다고 말하면서 꽃에 물 주기를 잊어버린다면 그 사랑을 의심하게 된다. 사랑은 사랑하는 대상의 생명과 성장을 적극적으로 염려한다. 적극적인 배려가 없다면 사랑도 없다. (『사랑의 기술』)

사랑은 본질적으로 무엇인가를 위해서 "일하는" 행위이며, 무엇인가를 "키우는" 행위이다. 사랑과 노동은 떼려야 뗄 수 없는 관계여서, 사랑한다면 사랑하는 사람을 위해서 일하는 것이 자연스럽다.

사랑의 두 번째 요소는 "책임"이다. 사랑은 책임과도 불가분의 관계이다. 책임responsibility이란 타자의 반응

response에 응답하는responderE 일이다. 그러나 책임은 외부로부터 강요당하는 의무가 아니다. 누군가에게 도움이 필요하다는 사실을 알았을 때 본인의 판단에 따라 자발적으로 응답하는 태도이다.

사랑의 세 번째 요소는 "존중"이다. 존중respect은 어원(respicere = 보다)에서 알 수 있듯이, 상대를 있는 그대로 보고 독자적인 개성을 알아주는 일이며, 상대를 위하고 상대가 자신의 방식으로 성장하고 발전하기를 바라는 마음이다.

사람은 사랑할 때 상대와 하나가 되었다고 느낀다. 그러나 이때도 있는 그대로의 상대와 하나가 되어야 하고, 자신이 활용할 만한 대상과 하나가 되려고 해서는 안 된다. 그러므로 자신이 먼저 자립해 있어야만 상대를 존중할 수 있다.

사랑의 네 번째 요소는 "지식"이다. 누군가를 존중하려면 먼저 그 사람을 알아야 한다. 사랑에 필요한 지식은 겉핥기식 지식이 아니라 그 사람의 핵까지 다다를 듯한 깊은 지식이다. 자신의 관점을 초월하여 상대의 관점으로 타자를 보는 정도가 되어야 상대를 제대로 알 수 있다.

프롬은 어떤 사람도 일반적인 지식, 즉 사고를 통해서 얻은 지식만으로는 진짜 "앎"에 도달할 수 없다고 말한다. 완전한 "앎"에 도달하는 유일한 방법은 사랑이다. 사랑이라는 행위는 사고와 언어를 초월하기 때문이다. 따라서 이 완전한 "앎"에 도달하려면 일반적인 "앎"에 필요한 사고 과정이 아니라 "하나가 되는 체험"이 필요하다.

타자를 아는 일은 사랑의 근본적인 문제와도 관련이 있다. 그 문제란, 고독의 감옥으로부터 도망쳐서 타자와 결속하고 싶다는 기본적인 욕구가 또 하나의 인간적 욕구, 즉 "인간의 비밀"을 알고 싶다는 욕구를 낳는다는 것이다. 지금 자신이나 다른 누군가를 알고 있다고 생각하는 사람도 있겠지만, 엄밀히 따지면 사람이란 알 수 없는 존재이다. 존재 속으로 깊이 들어갈수록 핵심에서 오히려 멀어진다. 그런데도 인간은 타자의 영혼 깊숙한 곳에 숨은 비밀에 도달하고자 애를 쓴다.

이 비밀을 폭력적으로 캐내려고 하는 방식이 사디즘이다. 사디즘은 힘으로 상대를 눌러 자기가 원하는 대로 움직이고 느끼고 생각하게 만들려고 한다. 그러면 그 사람이 자기 **것**, 자기 소유물이 된다고 믿는 것이다. 그러나 당연히 이것은 진짜 "앎"이 아니다.

진짜 비밀을 알고 싶다면 "사랑"이 필요하다. 사랑이야말로 타자 속에 능동적으로 들어가는 일이다. 프롬에 따르면, 우리는 사랑의 "결속"을 통해서만 상대와 자신을, 그리고 다른 모든 사람을 알 수 있다.

사랑의 행위, 즉 나 자신을 내주고 타자 속으로 들어가는 행위를 통해서 자신과 상대를, 나아가 "인간"을 발견할 수 있다. "인간"을 발견하는 일은 앞에서 말했듯이 휴머니즘의 기본 목표이다. "각 사람이 인류 전체를 대표하기" 때문이다(『의혹과 행동』).

프롬은 다른 사람과 하나가 되는 체험은 결코 종교적이거나 비합리적인 체험이 아니라 오히려 합리적인 체험이라고 말한다. 사랑은 어디까지나 정념이 아니라 이성적인 행위이다.

그래서 사랑을 제대로 알려면 일단 사고를 가동해야 한다. 사랑에 관한 환상, 상대에 관한 비합리적이고 왜곡된 이미지를 극복하고 현실을 직시하여 타자와 자신을 객관적으로 알아야 한다. 객관적인 "앎"이 있어야만 사랑하는 사람의 본질에 도달할 수 있다.

세계와 생산적인 관계를 맺는 열쇠인 이 "앎"은 이성의 작용이다. 이성의 힘으로만 현상의 표면을 꿰뚫어보고 본질을 깨달을 수 있다. 하지만 그 "앎"조차 아직 최종적인 "앎"은 아니다. 사랑의 힘으로 자신과 타자를 갈라놓는 벽을 넘어 타자를 이해하는 것, 즉 "사랑"이야말로 최종적인 "앎"이다. 사랑과 이성은 세계를 이해하는 두 가지 방법으로, 다른 한쪽 없이는 성립하지 않는다.

다시 말해 사고로 얻은 지식에는 본질적인 한계가 있으므로 그것만으로는 인간과 우주의 비밀을 파악할 수 없다. 이성을 기반으로 삼고 그 위에 이성을 뛰어넘는 "사랑"을 더해야만 비로소 진리를 알게 된다. 프롬 역시 이것이야말로 가장 합리적이고 이성적인 인식이라고 말하고 싶었던 것이 아닐까?

프롬의 "이성"과 "합리성"은 비인간적이거나 삭막한 관념이 아니다. 오히려 둘 다 프롬의 "휴머니즘"을 떠받치는 인간적인 요소이다. 우리는 온갖 억측을 배제하고 "올바른 앎"을 통해서만 행복해질 수 있다. 그리고 이 "앎"이라는 인간적 존재 양식이 더없이 고상하게 발현된 최종 결과가 바로 "사랑"이다.

제7장

프롬의 유산

어떻게 살아야 할까

철학의 궁극적인 질문은 "행복이란 무엇일까?", "어떻게 하면 행복해질 수 있을까?"이다. 따라서 이번 장에서는 『자기를 위한 인간』과 프롬이 만년에 했던 인터뷰 등을 참고하여 프롬이 철학자로서 이 질문에 어떻게 대답했는지 살펴보려고 한다.

프롬에 따르면, 현대 사회에서는 행복이 인생의 목적이 아니다.

현대 사회는 행복, 개성, 자기 이익을 강조하면서도 인생의 목적이 행복(신학 용어를 쓴다면 구원)이 아니라 직업의 의무를 다하고 성공하는 것이라고 가르친다. 그래서 결국 돈, 명예, 권력이 인간의 동기와 목적이 되었다. 사람들은 본인에게 도움이 되는 일을 하고 있다고 착각하지만 실제로는 본인에게 도움이 되는 일을 제외한 모든 일에 봉사하고 있다. (『자기를 위한 인간』)

엄밀히 말해서 현대인의 인생 목표가 "행복"에서 "성공"으로 바뀐 것은 아니다. 누구나 여전히 행복을 인생 목표로 꼽으면서도 행복해지려면 반드시 성공해야 한다고 믿게 되었을 뿐이다. 그러다 보니 행복의 수단에 불과한 성공이 인생의 최종 목표가 되어버렸다. "사람"은 "인간이란 무엇인가", "어떻게 살아야 하는가"를 전혀 모를뿐더러 그런 질문에 관심조차 보이지 않는다.

그러나 누구나 특별한 계기를 맞아 인생의 의미를 생각하게 될 때가 있다. 자신이 언제까지나 젊다고 믿거나 젊은이에게 뒤처지지 않는다고(그렇게 생각하는 것

자체가 나이를 인정한다는 뜻이지만) 자부하는 사람도 어느 날 병으로 쓰러지거나 건강 검진에서 예상치 못한 암이 발견되는 순간 인생의 의미를 되새겨보게 된다.

이럴 때는 스스로 생각하는 수밖에 없다. 하지만 그럴 때조차 스스로 생각하려고 하지 않고, 기존의 권위에서 답을 구하려는 사람이 많다. 그러면 스스로 생각할 필요가 없어지기 때문이다. 아무 생각도 하기 싫어서 권위에 결정을 맡기는 것이다.

이 권위는 "상식" 같은 익명의 권위일 수도 있다. 사람들 대부분이 공유하는 상식을 의심 없이 믿으면 고민할 일은 확실히 줄어들 것이다. 그러나 상식은 "나"의 인생을 생각하는 데에 도움이 되지 않는다. 갑자기 앞길이 가로막힐 때에는 별다른 일 없이 장래를 막연히 그리며 살 때와는 달리 앞날을 스스로 생각하는 수밖에 없다.

프롬은 프로이트의 정신분석학을 비판했다. 그의 이론이 인간에 대한 이해를 확장한 것은 사실이지만 인간이 어떻게 살아야 하고 어떻게 행동해야 하는지는 깊이

다루지 않았기 때문이다. 정신분석이 심리학을 자연과학으로 만들려고 한 나머지 철학과 윤리학을 배제하는 잘못을 저질렀다는 것이다. 그런데 프로이트는 왜 그런 잘못을 저질렀을까? 프롬에 따르면, 목적을 상실했기 때문이다.

> 우리는 경제, 경제의 진보, 기술의 진보를 위해서 산다. 인생의 목적은 인간이 아니다. ("병든 사람들이 가장 건강하다", 위르겐 로데만, 미첼라 래믈레와의 인터뷰에서)

경제를 우선하는 사회에서는 인생의 목적이 인간이 아닌 경제가 된다. 그래서 생산량 증가라는 목표를 달성하면 그 대가로 더 많이 소비할 수 있게 된다. 그러나 인생의 원래 목적은 "인간 자신", "자기 자신"이어야 한다. 그리고 그 목적에 도달하려면 인간이 자기 자신을 위해서 존재해야 한다.

그리고 여기에서 말하는 "인간"은 일반적인 인간이 아닌 "개인"을 뜻한다.

인간은 "일반적으로" 존재하지 않는다. 인간은 인류의 모든 구성원과 인간으로서의 핵심적인 특성을 공유하면서도 늘 "개인"이며, 다른 누구와도 다른 독자적 존재이다. (『자기를 위한 인간』)

사람은 자기 개성을 관철하기만 해도 인간으로서의 가능성을 실현할 수 있다. 산다는 것은 자기 자신이 되는 일인 것이다.

자기 인생을 산다

어느 날 지하철에서 한 청년이 나에게 말을 걸더니 "주변 사람들은 저한테 사회에 적응하라고 말하지만, 저에게 사회 적응은 죽음을 의미합니다"라고 호소했다. 그 청년은 우울증을 앓고 있었다.

사회 적응에 관해서 프롬은 이렇게 말했다.

사회에 잘 적응하는 사람 역시 기대받는 인간이 되기 위해서 그 대가로 자신을 버리고 있다. (『자유로부터의 도피』)

한편 앞에서 언급한 청년은 신경증적인 유형이어서 현대 사회에 부적합할지는 몰라도 자신을 아직 버리지는 않은 상태이다. 신경증에 걸린 자신을 구하지는 못하지만, 자기 자신을 지키지 못해 개성을 완전히 잃어버린 "정상인"에 비해 인간적 가치라는 관점에서는 상당히 정직한 사람이라고 말할 수 있다.

프롬은 신뢰받는 정상인, 유능한 사람으로 여겨지려면 만족과 행복의 가면을 뒤집어써야 한다고 말했다(앞의 인터뷰).

가면 뒤에는 불안, 짜증, 분노, 우울, 불면이 있다. "나는 행복하다"라는 현대인의 말은 모두가 일반적으로 공유하는 거짓말에 불과하다(앞의 인터뷰).

정신분석가였던 프롬에게는 수많은 환자들이 찾아와 다양한 증상을 호소했다. 프롬은 그들에게 한결같이 "인간은 원래 표면적으로는 행복해도 심층에서는 불행하며 인생에 만족하지 못하는 존재임을 알아야 한다"라고 말해주었다. 그는 환자의 다양한 증상이 그런 불행을 보상하기 위한 작용이라고 판단했다.

그러나 "정상인"은 이 사실을 알아채지 못한다. 그래서 프롬은 "가장 정상적인 사람이 가장 병들었고 가장 병든 사람이 가장 건강하다"라고도 말했다(앞의 인터뷰).

사람들 대다수, 즉 정상인들은 너무 잘 적응한 나머지 자신을 모조리 버리고 말았다. (앞의 인터뷰)

자신이 행복하다고 믿는 "정상인"은 비정상적인 상황에 너무나 잘 적응해서 자신이 위험하다는 사실을 인지하지 못한다. 그러나 그들은 자각 증상이 없는 암 환자만큼 위험한 상태이다.

하고 싶은 말을 내뱉지 못하고, 하고 싶은 일을 실천하지 못한다는 것은 자기 인생을 살지 못한다는 뜻이다. 이들처럼 완전히 도구화, 로봇화되면 모순으로 넘치는 현대 사회 한복판에서도 아무런 갈등을 느끼지 못한다. 오히려 "이익을 위해서라면 사람을 해치고도 양심의 가책을 느끼지 않는 상태"에 빠진다(앞의 인터뷰). 이들은 저 유명한 아이히만처럼, 명령만 받으면 아무렇지 않게 부정을 저지를 것이다.

"사회 적응은 죽음을 의미한다"라고 말했던 청년은 오히려 자기 인생을 직시하고 있었다. 신경증적인 사람은 자신을 지키는 싸움에서 끝까지 항복하지 않는 사람이다. 그러나 세속적인 성공이 행복의 필수 조건이 아니라는 진실을 깨우치는 그날, 그 청년의 신경증적 증상도 사라질 것이다.

생산적으로 산다

프롬은 인생의 의미를 이렇게 서술했다.

산다는 것은 생산적인 일이며, 인간을 초월하는 목적이 아닌 자신을 위해서 자기 힘을 쓰는 일이자, 자신의 인생을 유의미하게 만들면서 인간으로 존재하는 일이다. (『자기를 위한 인간』)

두려움 없이 진실을 직시하면 이 사실을 인식하게 된다. 그 사실이란 자기 힘을 발휘하여, 즉 생산적으로 살아서 스스로 부여하는 의미 외에는 우리 인생에 아무런 의미가 없다는 사실, 그리고 언제나 정신을 차리고 활동하고 노력해야만 중요한 과제에 실패하지 않는다는 사실이다. 여기에서 중요한 과제는 우리의 존재 법칙이 부과한 한계 내에서 우리 힘을 온전히 발휘하는 일을 말한다. (앞의 책)

사람은 인간의 상황, 즉 자기 존재와 자신의 힘을 발휘하는 능력에 내재한 이분법을 인지해야 비로소 자기 과제를 해결할 수 있다. 자기 과제란 자신으로 사는 일, 자신을 위해 사는 일, 자신의 특별한 능력인 이성, 사랑, 생산적 노동을 온전히 실천하여 행복해지는 일이다. (앞의 책)

인간으로 존재하라

그렇다면, 지금 시대를 사는 우리는 지금까지 살펴본 프롬의 사상에서 무엇을 배울 수 있을까?

> 히틀러가 정복을 시작한 후에야 저항을 개시한다면 이미 진 것과 다름없다. 의지나 신념을 품고 자기 자신을 믿으며 비판적으로 생각할 줄 아는 자립한 인간, 즉 무리 속의 가축이 아닌 인간으로 존재하는 사람만이 저항할 수 있기 때문이다. 그러려면 다른 기술을 배울 때와 마산가지로 인내심을 가지고 오랫동안 노력하고 연습하고 학습하여 "삶과 죽음의 기술"을 터득해야 한다. 그렇게 성장한 사람은 자신과 타자에게 무엇이 좋고 무엇이 나쁜지 알게 되고, 나아가 재산이나 성공, 권력을 떠난 한 인간으로서의 자신에게 무엇이 선이고 무엇이 악인지 판단하는 능력을 갖추게 된다. (『자기를 위한 인간』)

히틀러 같은 사람은 어느 시대에나 있다. 지금 우리

가 저항을 시작하기도 전에 이미 패배한 상태가 아니라
고 과연 장담할 수 있을까?

눈을 뜨라

사회적 문제를 생각하면, 중요한 것은 결국 인류의 생존이
다. 그러므로 가능성이 매우 낮더라도 희망적인 관점으로
보아야 한다. (앞의 인터뷰)

프롬은 오늘날 우리가 관심을 기울일 문제가 오로지
"전쟁과 평화"뿐이라고 말한다. 인간이 지구의 모든 생
명과 가치를 파괴하고도 모자라, 살아남은 인류마저 힘
으로 지배할 만큼 야만적이고 전체주의적인 기구를 만
들어낼지도 모르기 때문이다. 이 위험한 인간이라는 존
재를 제대로 아는 것이 오늘날 우리가 완수해야 할 유
일한 의무이자 따라야 할 유일한 도덕적, 지적 명령이
다. 이 명령을 따르지 않으면 모두 파멸하고 말 것이다.

"핵 대학살"이 일어나 지구의 모든 생명과 함께 인류가 멸망한다면, 그것은 우리가 인간이 되지 못했거나 악하게 태어났기 때문이 아니다. 그저 무지했기 때문이다. 심연으로 치닫는 현실을 직시하지 않으며 진리를 따라 행동하지 않았기 때문이다.

프롬은 인터뷰의 마지막에 이렇게 말했다.

나는 인간의 완전성을 믿는다. 그러나 완전성이라는 목표를 달성할 수 있을지 의심스러우니, 어서 각성해야 한다. (『의혹과 행동』)

프롬도 인간이 현실적으로 완전하다고는 생각하지 않았다. 그래도 인간은 완전성을 지향해야 한다.

세상은 어떤 시대든 비참하다. 인류는 언제나 암흑 속에 갇혀 있다. 그러나 우리는 현실을 외면하지 말고 직시해야 한다. 비참한 와중에도 인간의 "선한 본성"을 믿는 쪽에 운명을 걸어야 한다. 그것이 프롬이 말하는 "사랑"의 휴머니즘이다.

참고 문헌

Escape from Freedom, Holt, Rinehardt and Winston, 1941.

The Art of Loving, George Allen & Unwin, 1957

To Have or To Be?, A Bantam Books, 1988.

Beyond the Chains of Illusion: My Encounter with Marx and Freud, Open Road Media, 2001.

The Heart of Man: Its Genius for Good and Evil, American Mental Health Foundation Inc, 2010.

Psychoanalysis and Zen Buddhism, Open Road Media, 2013.

The Sane Society, Open Road Media, 2013.

Man for Himself: An Inquiry into the Psychology of Ethics, Open Road Media, 2016.

Erich Fromm Gesamtausgabe, Open Publishing, 2016.